易地扶贫搬迁中的
农户搬迁决策研究

Research on Relocation Decision-making of Rural Household in Poverty Alleviation Relocation

周君璧 著

经济管理出版社
ECONOMY & MANAGEMENT PUBLISHING HOUSE

图书在版编目（CIP）数据

易地扶贫搬迁中的农户搬迁决策研究/周君璧著 . —北京：经济管理出版社，2022.6
ISBN 978-7-5096-8486-3

Ⅰ.①易…　Ⅱ.①周…　Ⅲ.①农民—移民—决策—研究—中国　Ⅳ.①D422.6

中国版本图书馆 CIP 数据核字（2022）第 099567 号

组稿编辑：宋　娜
责任编辑：宋　娜
责任印制：许　艳
责任校对：张晓燕

出版发行：经济管理出版社
　　　　　（北京市海淀区北蜂窝 8 号中雅大厦 A 座 11 层　100038）
网　　　址：www. E-mp. com. cn
电　　　话：（010）51915602
印　　　刷：北京晨旭印刷厂
经　　　销：新华书店
开　　　本：720mm×1000mm/16
印　　　张：15
字　　　数：216 千字
版　　　次：2024 年 5 月第 1 版　　2024 年 5 月第 1 次印刷
书　　　号：ISBN 978-7-5096-8486-3
定　　　价：98.00 元

第十批《中国社会科学博士后文库》编委会及编辑部成员名单

《中国社会科学博士后文库》
出版说明

为繁荣发展中国哲学社会科学博士后事业，2012 年，中国社会科学院和全国博士后管理委员会共同设立《中国社会科学博士后文库》（以下简称《文库》），旨在集中推出选题立意高、成果质量好、真正反映当前我国哲学社会科学领域博士后研究最高水准的创新成果。

《文库》坚持创新导向，每年面向全国征集和评选代表哲学社会科学领域博士后最高学术水平的学术著作。凡入选《文库》成果，由中国社会科学院和全国博士后管理委员会全额资助出版；入选者同时获得全国博士后管理委员会颁发的"优秀博士后学术成果"证书。

作为高端学术平台，《文库》将坚持发挥优秀博士后科研成果和优秀博士后人才的引领示范作用，鼓励和支持广大博士后推出更多精品力作。

《中国社会科学博士后文库》编委会

前　言

贫困问题是一个世界性的问题，在发展中国家中尤为突出。联合国对贫困的定义是：贫困不仅是指缺乏收入和资源导致难以维持生计，还表现为饥饿和营养不良、无法充分获得包括教育在内的基本公共服务、无法参与决策以及受到社会歧视和排斥。截至 2015 年，全球有 7.34 亿人（约 10%）每天的生活费不足 1.90 美元①。联合国《2030 年可持续发展议程》形成了 17 项符合人类共同愿景的可持续发展目标（Sustainable Development Goals，SDGs）②，第一个目标就是"在世界各地消除一切形式的贫困"。

很少有一个国家的政府能够像中国政府一样，倾注大量心血，广泛动员全社会力量参与扶贫，形成脱贫攻坚合力，特别是"精准扶贫、精准脱贫"方针提出后，贫困发生率大幅下降。据统计，2013～2016 年，全国共 5564 万农村人口摆脱了贫困③。我国的扶贫政策可大致分为以下四个阶段：

第一阶段（1978～1993 年）：救济式扶贫到开发式扶贫过渡阶段。这一时期虽然没有政策性文件，但从中央到地方设立了扶贫机构，并明确了各机构的扶贫任务，以救济为主的扶贫方式转变

---

① 数据来源：UN. Ending Poverty［EB/OL］. https：//www. un. org/en/global-issues/ending-poverty.
② UN. Sustainable development goals. 17 Goals to transform our world［EB/OL］.［2015-10-21］. http：//www. un. org/sustainabledevelopment/zh/development-agenda/.
③ 人民日报. 十八大以来平均每年超 1000 万人脱贫，中国成为世界"减贫英雄"［EB/OL］.［2017-06-24］. http：//www. gov. cn/xinwen/2017-06/24/content_5205055. htm.

为增强贫困人口的内生发展能力。该时期农村贫困人口大规模减少，由1978年的2.5亿贫困人口减少到8000万（按1990年的不变价格农民年人均纯收入300元计算）贫困人口[①]。

第二阶段（1994～2000年）：开发式扶贫阶段。以《国家八七扶贫攻坚计划（1994—2000年）》的颁布实施为标志，"八七扶贫攻坚计划"是第一个有明确扶贫目标和任务的计划，提出在七年的时间里（从1994年到2000年），基本解决8000万农村贫困人口的温饱问题。其主要内容是确定了对生存和发展条件特别困难的村庄和农户实行开发式移民，明确政府的资金投入和扶贫任务，提出"对口帮扶"和"东西协作扶贫"，广泛动员全社会力量参与扶贫。

第三阶段（2001～2010年）：整村推进与扶贫试点阶段。以《中国农村扶贫开发纲要（2001—2010年）》的实施为标志，主要内容包括：第一，采取整村推进扶贫的方式，帮助贫困县内的贫困村整体脱贫；第二，农业产业扶贫，整合利用政府和市场资源，扶持一批贫困地区农业龙头企业，帮助贫困农户实现农业产业扶贫；第三，劳动力转移培训，对贫困地区的贫困户实施技能培训，通过务工收入脱贫；第四，首次提出稳步推进自愿移民搬迁，开展易地安置扶贫试点，鼓励居住在不具备生存发展条件地区的贫困人口搬迁到其他适宜生存的地区发展。

第四阶段（2011～2020年）：全面脱贫攻坚阶段。以《中国农村扶贫开发纲要（2011—2020年）》的实施为标志，扶贫单位从县升至跨省际的集中连片特殊困难地区。针对过去粗放式扶贫，党中央提出"精准扶贫、精准脱贫"方略，并正式提出新时期脱贫攻坚的目标，即到2020年确保我国现行标准下农村贫困人口实现脱贫，贫困县全部摘帽，解决区域性整体贫困。易地扶贫搬迁的制度

---

① 数据来源：中国的农村扶贫开发白皮书［EB/OL］. http：//www. gov. cn/zhengce/2005－05/26/content_2615719. htm.

是在这一时期确定的，作为"五个一批"的重要扶贫措施之一。

易地扶贫搬迁

易地扶贫搬迁主要是针对生活在"一方水土养不起一方人"集中连片特困地区的贫困人口，包括我国西北、西南、中部的农村贫困山区。这些地区交通不便，自然灾害频发，资源环境承载能力不足、生态环境恶劣，水、电、路、讯、房等基础设施和公共服务薄弱，社会经济发展落后的山区，属于"贫困—经济社会发展落后—贫困程度加深"的地区，面临传统的扶贫方式难以奏效的问题。为什么要花费巨大的人力物力将"一方水土养不起一方人"地区的贫困群众搬迁出来呢？

第一，交通不便，基础设施和公共服务不健全。山区农村相对来说交通不发达，农民的房屋有些是泥土房子，有些是危房，居住环境很差。此外，由于远离城镇，农村基础设施不完善，有些地方甚至不通水、电，学校、医院等配套公共服务设施不到位，农村的孩子想要上学要走很远的路，看病也非常不方便。

第二，贫困程度深，就地发展农业脱贫十分困难。农村地区脱贫，最先要做的是努力提高作物单产，并根据当地的资源禀赋搞一些养殖项目，但是经过多年的实践发现，就地脱贫效果并不理想。根据工农产品价格剪刀差理论，工业品的价格高于其价值，农产品的价格低于其价值，因此每亩地粮食产出的价值非常低。山区农民以种小麦为主要收入来源，每亩毛收入不会超过1000元，考虑种子、化肥、农药、播种、收割等方面的投入，农民净收入所剩无几，遇到灾害，可能辛苦一年还要赔钱。不实施易地移民搬迁，山区很多以种植农作物为生的农户将长期难以摆脱贫困。

第三，因病因学返贫现象严重，难以真正脱贫。山区交通不便，但家庭中通常有孩子去县城上学，孩子的交通、住宿等花费较高，有的家庭还会为了子女上学在城镇租住房屋，家庭子女上学的开支较大。此外，山区人居环境有待提高，有些农户居住在地方病频发区，发生疾病的可能性较高，一旦家庭有人生病，会给家庭造成极大的负担，即使已经脱贫的家庭也容易再次陷入贫困。

第四，部分地区农户经常遭受洪涝、地质等自然灾害，生命财产安全受到严重威胁。集中连片特困地区以山区为主，主要分布在西北、西南的高原、山地、丘陵、喀斯特地貌地区，这些地区亦是自然灾害尤其是地质灾害的高发区。频发的自然灾害严重威胁山区群众的生命和财产安全，制约着贫困地区的经济社会发展，山区因灾返贫、因灾致贫现象严重。相比平原，山地灾害的危险性较高，灾害的危险性和灾害的频率、强度以及承灾体的脆弱性有关，其中，承灾体的社会脆弱性与社会经济发展状况、人口应对灾害的能力、灾害暴露程度密切关联。集中连片贫困地区灾害的危险性和承灾体的脆弱性较高，一旦发生灾害，将会给该地区的群众的生命财产安全带来极大的威胁。

第五，居住在生态脆弱区的农户会威胁生态环境，面临资源承载力不足和生态退化的风险。资源承载力是指一个国家或地区的资源对该空间内人口的基本生存和发展的支撑力，是衡量该地区是否可持续发展的重要指标。当人口数量超过资源承载力时，会导致人口对自然资源的过度索取、破坏，生态系统就会被破坏。就我国而言，一方面，居住在生态脆弱区的群众的生产生活条件难以改善；另一方面，人们的活动也对生态环境造成了持续性破坏，地区生态环境问题与贫困耦合。

鉴于传统的就地扶贫方式难以使贫困人口从根本上摆脱贫困，生活在山区的农户面临严峻的生产生活环境，基本公共服务也不完善，要让他们摆脱贫困生活，必须通过搬迁并易地安置的方式，彻底改变他们的生产生活条件。因此，易地扶贫搬迁成为脱贫攻坚"五个一批"精准扶贫工程的重要举措，是集扶贫、避灾、生态保护、发展、城镇化等为一体的移民搬迁。实施易地扶贫搬迁具有以下几方面的意义：

第一，远离灾害，交通便利，有利于农户生存发展。通过实施易地扶贫搬迁政策，把位于灾害高发区的贫困人口搬迁出来，迁到靠近县城、靠近乡镇、靠近公路、比较适宜居住的地方。移民离开地质灾害区，不但出行便利，子女上学、家庭就医便利，而且生命财产安全也有了保障。此外，通过搬迁帮助家庭入住修建完善、抗灾效果好的房屋，其应对灾害的能力也提高了。

第二，便于集中发展产业，有利于农户增收脱贫。山区农村农业经营主体一直以小农家庭为主要的生产组织单元，一个四口之家，通常耕地面积不超过 10 亩，通过第一产业获得的收入很低，这样的农户将一直处于绝对贫困状态。如果把他们从山上搬出来，并且依托城镇集中安置的便利发展特色产业，让农户由依赖农业为生转变为融合第二产业和第三产业共同发展，家庭的收入会有明显提高。

第三，有利于生态环境保护，实现人与自然协调可持续发展。首先，山区农户有一部分居住在退耕还林还草区、休牧禁牧区、严重风蚀沙化区、严重水土流失区、天然林保护区内，将这部分群众搬迁出来，本身就能够在一定程度上减少人类活动对生态环境的破坏。其次，移民搬迁后，可实现陡坡地退耕还林、还草，宅基地腾退复垦，缓解了人口与资源的矛盾，保护了自然植被，有效促进了生态系统的良性循环，将移民安置工作与生态修复工程有机结合起来。最后，通过发展生态农牧业，结合新村绿化、农田防护林带建设以及小流域治理，打造生态宜居安置区，创造发展条件，不仅可以帮助移民脱贫致富，还可以缓解迁出地的生态环境压力，为改善和恢复生态环境打下良好基础。

第四，有利于就近实现城镇化。早在 2014 年，我国的平均城镇化率就已经超过了 50%，但是西部地区的城镇化率却远低于这一平均水平，通过实施易地扶贫搬迁，可以帮助中西部地区实现就近城镇化。首先，易地扶贫搬迁以集中安置为主，按照靠近中心村、小城镇、产业园区、旅游景区的原则，让原先分散居住在交通闭塞、居住条件较差的山区农户搬进高楼，如陕南的"山上建园区，山下建社区"的建房模式，有效提升了区域的居住城镇化水平。其次，易地扶贫搬迁强调"以产定搬、以搬促城、产城融合"，依靠产业支撑带动移民就业，实现就业方式城镇化。最后，易地扶贫搬迁后，不少移民直接转户进城，实现了大量群众的户籍城镇化。此外，不少地方还配套建设学校、医院、商场、文体活动场所等服务设施，推进基本公共服务均等化，实现移民生活水平的大幅提高。

第五，有利于土地资源节约利用和美丽乡村建设，吸引更多的人才回流农村。山区空心村的现象比较普遍，大量农村宅基地、土地闲置，农户搬迁后腾出危房旧房，不但节约了土地资源，还可以通过拆旧复垦盘活土地资源，有利于实现农业生产的现代化、机械化、规模化。此外，山区农村住房老旧散乱，建设协调度不高，也没有统一的垃圾回收站点，脏乱差现象普遍。统一建设的安置房，配套的绿化带、垃圾回收箱等，不仅美观卫生，符合美丽乡村建设的要求，而且能吸引更多的人才回流农村，为乡村的发展做出更多的贡献。

移民与人类发展

移民是一个很古老的现象，人类诞生就伴随着移民现象，在文字出现之前就存在移民现象，以至于人们常问：我们的祖先来自哪里？考古学家通过寻找一些证据进行推测、遗传学家用基因技术来推测，人类通过不断地移民，寻找适合生产、生活的地方。

中国很早就有了移民，有记载的大规模移民是明朝大移民。元朝末，黄河年年泛滥，无人治水，致使中下游大片土地成为沼泽，人们四处逃荒，不少村舍变废墟。同时，政府强征捐税，搜刮民脂民膏，劳苦大众怨声载道，民怨沸腾，在黄河下游、黄淮平原一带的农民战争持续不断，百姓死伤无数，河北、山东等地的人口密度非常低。晋南一带群山峻岭，易守难攻，没有受到水灾和战争的破坏，年年风调雨顺，五谷丰登，百姓丰衣足食，安居乐业，许多灾民也逃荒到此，山西人满为患。明朝建立后，为了实现各地的均衡发展，明太祖朱元璋采纳了从山西移民屯垦的建议。从洪武三年（1370 年）至永乐十五年（1417 年），经历洪武、建文、永乐三代皇帝，历时48 年，向中原、华东数省移民百万。清康熙三十三年（1694 年），又进行了一次由政府引导的大规模移民，湖广填四川及其所延伸的湖广填陕南的移民规模又达到了百万。1949 年后，移民成为加速人口城镇化的重要手段，大量农村人口流向城市，寻找务工的机会、更好的教育和医疗水平，也为城市带来大量的劳动力。中国在 2017 年约有 2.8 亿农民工，城镇化水平也由中华人民共和国成立之初的 10% 左右上升到 2017 年的 58.52%[①]。

移民伴随着全球化，跨国移民是全球化的标志。美国就是一个通过移民而形成的国家。在美国，没有哪个民族是主要民族，所有民族都是少数民族。其人口最多的是英裔，约占美国人口的15%，其次是德裔和非洲裔，分别约占美国人口的 13% 和 11%，此外还有墨西哥裔、意大利裔、波兰裔、法国裔、印第安裔等，

[①] 数据分别来源于国家统计局发布的《2017 年农民工监测调查报告》和《中华人民共和国 2017 年国民经济和社会发展统计公报》。

华裔约占美国人口的1%。不同种族移民美国的目的也是各不相同：最早的非裔移民是被贩卖到美国做奴隶的非自愿移民。早期去美国的英国人是作为殖民者和统治者的自愿移民，后期则有因为灾荒和政治动荡而进入美国的难民。10%的墨西哥移民是由于20世纪初墨西哥爆发十年大革命造成农户生活水平大幅下降，而美国工业快速发展产生大量的劳动力缺口，在墨西哥国内的"推力"和美国的"拉力"下移民到美国。华裔赴美是受19世纪中期美国淘金热的影响。当今美国对移民制定了很多政策，允许投资移民、人才移民，限制普通移民。美国前任总统特朗普刚一上任，就提出在美国墨西哥边境建围墙，防止来自墨西哥的偷渡者入境，禁止叙利亚、伊朗、伊拉克、利比亚、也门、苏丹和索马里七个国家的公民进入美国境内。

上述中美两国移民的例子都说明了移民和人类的发展具有密切的联系。美国之所以发展成为世界经济第一强国，移民做出了巨大的贡献，没有这些移民就没有今天的美国。跨国移民实施得当，会产生多赢的效果。明朝大移民采取征派强迫非自愿的移民方式，湖广填四川、湖广填陕南采取政策引导自愿移民的方式，都促进了社会的发展。但是，明朝大移民采取的强迫方式造成了社会的不稳定，湖广填四川、湖广填陕南这种政策引导自愿移民的效果更好。移民的产生伴随着人类发展，未来，人们还打算向外星球移民，获取更大的发展空间。

摘　要

易地扶贫搬迁是精准扶贫、精准脱贫的"五个一批"重要措施，近年来成为研究的热点问题。易地扶贫搬迁是政府组织下的农户自愿搬迁，如何尊重农户意愿，统筹兼顾"农户自愿"与"应搬尽搬"是一个值得探讨的问题。本书以农户为基本研究单元，研究其在易地扶贫搬迁中的决策问题，主要内容如下：第一，依据计划行为理论、地方效用理论、期望理论等人口迁移决策理论，结合中国易地扶贫搬迁中的实际情况，构建了农户搬迁决策"W-A-P"（即"意愿-能力-政策"）模型。第二，识别了影响农户搬迁意愿的环境、政策、心理、预期和家庭因素，并运用因子分析、有序 Logit、结构方程等模型对假设进行了实证检验。第三，区分了移民搬迁中的搬迁意愿与搬迁能力，指出农户的经济能力、就业能力、适应能力在易地扶贫搬迁中的决定性影响，运用回归模型识别出与搬迁能力相关的家庭特征变量。第四，运用基于主体的模型对不同搬迁补助、基础设施配套资金、产业就业配套资金、社会网络密度、政策实施期限等政策变量下农户的搬迁数量进行了模拟，并根据模拟结果提出相关政策改进建议。

上述研究得到以下结论：

（1）搬迁意愿、搬迁能力和政策是农户决定搬迁的关键要素。按照搬迁意愿和搬迁能力四象限法可将农户分为"高意愿高能力""高意愿低能力""低意愿高能力"和"低意愿低能力"四大类型。西部山区农户主要为高意愿低能力型和低意愿低能力型，建议针对不同类型的农户精准施策。

（2）陕南山区农户的搬迁意愿总体较高。环境因素中地理位置、居住条件、基础设施、生态环境，心理因素中家庭成员对搬迁的支持、对未来收入和职业改善的预期，政策因素中搬迁补助、就业安置、社会保障等政策，家庭因素中非农劳动力比例、家庭成员结婚上学等对搬迁意愿有直接、正向的影响。

（3）陕南山区农户的搬迁能力总体偏低。其中，就业能力受农户家庭人口数量、非农劳动力比例、家庭成员最高受教育水平的影响，经济能力受家庭收入、家庭支出的影响，适应能力取决于家庭社会资本。

（4）建议将搬迁补助设定为户均13万~14万元，基础设施配套资金设定为户均2万~4万元，产业就业配套资金设定为户均3.5万~5.5万元，将搬迁考核期限延长3~5年，以增强社会示范效应。

关键词：易地扶贫搬迁；精准扶贫；搬迁意愿；搬迁能力；陕南

Abstract

Relocation for Poverty Alleviation (RPA) is an important measure of "five batches" for targeted poverty alleviation and poverty eradication, which has become a research focus in recent years. RPA is a voluntary relocation of rural household organized by the government. It is worth discussing how to respect the willingness of rural households and give overall consideration to "rural households' voluntary" and "should move as much as possible". Taking rural household as the basic research unit, the book investigates rural households' decision-making in the process of PRA. The main contents of the book are as follows: Firstly, based on Theory of Planned Behavior, Place Utility theory, Expectancy theory and other population migration decision-making theories, and combined with the actual situation of RPA in China, this book builds a "W - A - P" (namely "Willingness - Ability - Policy") model for analyzing the decision-making of the rural households in the RPA process. Secondly, this book identifies the environmental, policy, psychological, expectation and family factors that affect rural households' willingness to relocate, and empirically tests the hypothesis by using factor analysis, ordered logit, structural equation and other models. Thirdly, this book distinguishes the relocation willingness and relocation ability, stresses the decisive impact of rural households' economic ability, employability and adaptability on RPA, and uses the regression model to identify the family characteristic variables related to the relocation ability. Fourthly, this book uses an Agent Based Model (ABM) to simulate the number of rural households relocated under different policy conditions such as relocation subsidies, infrastructure supporting funds, industrial employment supporting funds, social network density, policy implementation period, and provides suggestions for policy improvement according to the simulation results.

The above research draws the following conclusions:

First, Willingness to relocation, ability to relocation and policy are the key elements for rural households to make relocation decisions. According to the four quadrant method of relocation willingness and relocation ability, the rural household can be divided into four categories: "high willingness and high ability", "high willingness and low ability", "low willingness and high ability" and "low willingness and low ability". Rural households in western mountainous areas generally belong to the types of "high willingness and low ability" and "low willingness and low ability". It is suggested that the government should formulate accurate policies for different types of rural households.

Second, The overall relocation willingness of rural household in mountainous areas of Southern Shaanxi is high. In environmental factors, geographical location, living conditions, infrastructure and ecological environment; in psychological factors, family members' support, expectations for the improvement of future income and career; in policy factors, relocation subsidies, employment placement, social security; in family factors, the proportion of non – agricultural labor force, get married and go to school of family members have a direct and positive impact on the willingness to relocate.

Third, The overall relocation ability of rural household in mountainous areas of Southern Shaanxi is low. Employment ability is affected by rural household size, the proportion of non−agricultural labor force and the highest education level of family members. Economic ability is affected by household income and expenditure. Adaptability depends on the social capital of household.

Fourth, The research suggest that it is better to set relocation subsidy, supporting funds for infrastructure, supporting funds for industrial and employment at an average of 130000 to 140000 yuan per household, 20000 to 40000 yuan per household, and 35000 to 55000 yuan per household, respectively. The relocation assessment period should be extended for 3−5 years to enhance the social demonstration effect.

Key Words: Relocation for Poverty Alleviate; Targeted Poverty Alleviation; Willingness to Relocate; Ability to Relocate; Southern Shaanxi

目　录

Contents

第一章　绪论

第一节　研究背景

居住在"一方水土养不起一方人"地区的贫困人口面临五大问题：第一，交通不便，基础设施和公共服务不完善；第二，贫困程度深，就地发展农业脱贫十分困难；第三，因病因学返贫现象严重，难以真正脱贫；第四，部分地区自然灾害频发，人民生命财产安全受威胁；第五，生态脆弱区存在资源承载力不足和生态退化的风险。传统的就地扶贫方式难以使其从根本上摆脱贫困，必须通过易地搬迁安置的方式，彻底改变他们的生产生活条件。

易地扶贫搬迁是集避灾、降低贫困发生率、提高基础设施建设水平、保护生态环境等多种目的于一体的搬迁政策，作为精准扶贫、精准脱贫"五个一批"的重要举措，涉及全国22个省份近1000万建档立卡贫困人口。易地扶贫搬迁本质上属于政府引导下的自愿移民搬迁，是指居住在生态环境恶劣、自然条件低劣等不具备生存条件和地质灾害高发地区的人口，按照自愿的原则，在政府的统一组织下，搬迁到靠近中心村、小城镇、产业园区、旅游景区等生活和生产条件较好的地区发展。这项巨大的工程，是人类发展史上一次伟大的实践。

由于要让农户离开原有的居住环境，搬到远离他们原居住地的地方生活，甚至要改变原有的生产生活方式，所以在实际搬迁工作中，存在一些农户犹豫观望，甚至不愿搬迁、抵触搬迁的情况。从管理者的角度看，要推进脱贫工作就要让农户"搬得出"，这是进行扶贫工作的第一步。回答这一问题需要搞清楚农户究竟是如何做出搬迁决策的，因此，农户在易地扶贫搬迁中的决策问题是一个值得研究的课题。本书的研究围绕农户搬迁决策展开：第一，农户是如何进行易地扶贫搬迁决策的，决策的过程包括哪些步骤，决策的要素有哪些？第二，这些决策要素分别受到哪些因素的影响？第三，哪些政策能够更好地促进移民搬迁？

第二节　研究意义

易地扶贫搬迁是中国政府引导下的自愿移民搬迁，从理论上深入研究易地扶贫搬迁，提出一些有价值的政策建议，对做好易地扶贫搬迁工作是十分有意义的。

从理论意义上看，目前易地扶贫搬迁的理论研究远落后于实践的开展，主要表现为：定量研究缺乏，从农户的角度进行的政策研究不够，农户决定是否搬迁的理论过程尚不明确，农户对现行政策的响应的定量模拟尚属空白等。本书界定了易地扶贫搬迁的学科属性，完善了有关易地扶贫搬迁的理论；构建的农户搬迁决策模型及对搬迁决策要素的提出、影响搬迁决策因素的识别等，丰富了人口迁移决策理论；政策模拟部分对易地扶贫搬迁政策量化进行了全新探索。

从实践意义上看，易地扶贫搬迁以"坚持自愿"为原则，即充分尊重移民的意愿，不搞强迫搬迁，因此，如何统筹兼顾"坚持自愿"与"应搬尽搬"，是一个值得深入研究的问题。本书构建的搬迁决策模型能够帮助政府明确农户没有搬迁的原因，并依据原因对没有搬迁的农户进行准确分类，以便根据不同类型的问题精准施策；本书提出的政策改进建议，对易地扶贫搬迁政策优化具有一定的参考价值。

第三节　研究综述

一、有关移民的研究

1. 非自愿移民研究

世界银行、亚洲开发银行是国外较早对发展项目引起的征地和非自愿移民（Development Induced Displacement and Resettlement，DIDR）进行研究的机构，河海大学中国移民研究中心（NRCR）是国内较早开展该项研究的机构。由工程建设项目临时或永久性土地征用或土地使用性质变更而引发的移民称为非自愿移民（Involuntary Resettlement），有时被称为"受影响人口"（Affected Person）（Asian Devlopment Bank，1996）。工程建设包括修建水库大坝、交通项目（铁路、公路、机场）、口岸、城镇基础设施、采矿场、畜牧场等（Cernea，1999）。非自愿移民的研究主要探讨非自愿移民面临的风险、有形的和无形的权益损失以及移民安置和补偿。

迈克尔·M. 塞尼（1998）指出非自愿移民面临有形和无形资产损失的风险，包括家庭、社区、生产性土地、生存资源、文化遗址、社会结构、网络联系、文化认同、互助机制等。著名社会学家 Michael Cernea（1999，2000）提出了贫困、风险与重建（Impoverishment，Risk and Reconstruction，IRR）模型，明确了非自愿移民的八大贫困风险：失地、失业、无家可归、边缘化、缺乏食物保障、疾病和死亡的增加、失去获得生计来源的途径以及社会关系的破坏。这个模型在后续研究中得到了广泛的应用和推广（Mcdowell，2002；Cernea，2006；Terminski，2012；Edwards，2013；Bui et al.，2013；Andnet，2017）。Downing（2002）以矿山建设引发的非自愿性移民为研究对象，加入无形的民事权利、教育权利等"新贫困风险"，补充了非自愿移民有形风险的不足。Reuveny（2007）指出，民族宗教、移民与原住民的资源争夺可能引发跨越边境移民冲突。

国外学者对于水库移民风险的探讨主要在 IRR 的基础上进行，国内学者则重点关注可能的社会稳定和群体性事件风险（陈绍军等，2014）。郑瑞强和施国庆（2010）运用 PSR-SR 模型构建了水电移民的风险分析框架，认为移民主要有失去土地、无家可归、社会关系网络解体与断裂、补偿不能维持生活、边缘化、文化价值冲突、返迁、收入降低、失业、权利丧失等风险。赵锋和杨云彦（2009）从脆弱性的角度对水库移民面临的生计风险进行了分析。吕雪枫（2011）从政治、经济、社会、文化和环境等方面入手分析非自愿移民的风险。彭峰等（2016）认为水库移民生计风险受到其自身心理感知、生计资本的变化和地方政府角色定位的共同影响。

对于非自愿移民补偿，施国庆（1996）对水库移民的系统规划进行了方法论研究；陈绍军等（2011）在比较水库移民的三种安置方式后发现入股分红补偿效果最好；尚凯和施国庆（2012）提出了土地证券化的移民安置模式；樊启祥（2010）提出了"长补+入股+社保"的方式；余文学和王丽娇（2016）提出"资本+就业+社保"的安置模式。王佳宁（2013）从交易成本的视角分析了补偿的公平性对移民满意度的影响。强茂山和汪洁（2015）指出，现行的"以失定补"的补偿方式虽然从长期来看可使移民生活达到并超过搬迁前水平，但是短期并不能达到搬迁前水平，人均年净收益呈现"U"形变化。

2. 自愿移民研究

自愿移民多与环境、气候变化有关。对与环境、气候变化有关的自愿移民进行研究的国际机构有政府间气候变化专门委员会（IPCC）、布鲁金斯学会（Brookings Institution）、世界银行等。早期的自愿移民研究主要关注环境与自发性移民的关系，近年来，各国政府和国际机构也开始逐渐重视计划性移民作为适应环境、气候变化的措施的作用（Mcleman，2006；Tacoli，2009；Black et al.，2011；Birk & Rasmussen，2014；Hillmann et al.，2015；

Mcadam & Ferris，2015）。

（1）与环境有关的自愿移民。自愿移民研究的涉及面非常广泛，早期的研究焦点是环境变化与移民的关系、环境变化是否会带来大规模人口迁移，得到的结论是有争议的（Mcdowell，2002；Reuveny，2008；Mcadam & Ferris，2015）。Schmidt-Soltau 和 Brockington（2007）认为，自愿的移民搬迁和非自愿的移民搬迁最大的区别就是，移民是否有更多的选择，如搬迁去哪里、如何安置。部分学者提出了应对环境变化带来的自愿移民的政策措施（Boano et al.，2008；Martin，2012；Li et al.，2014）。国内学者对环境（气候）与人口迁移的研究，从目前来看主要是定义、分类等概念性研究，如对环境移民概念、称谓及机理进行了辨析（余庆年、施国庆，2010；郭剑平、施国庆，2010；曹志杰、陈绍军，2012；郑艳，2013；陈秋红，2015）。关于环境移民类型，徐江等（1996）认为有环境灾害移民、生态移民和环境污染移民；陈勇（2009）将其分为环境退化移民、环境灾害移民和环境征用移民。

（2）计划搬迁与预防性移民。计划搬迁（Planned Relocation）主要是政府主导的、有组织的、在环境和气候变化背景下的搬迁（Ferris，2012；Petz，2015）。预防性移民（Preventive Resettlement）主要是自然灾害频发区在灾害发生前将人口搬离的灾害管理措施（Claudianos，2014；Hu，2014）。当一个地方因为灾害频发不具备起码的生存条件时，组织计划搬迁就成了唯一的选择（Artur & Hilhorst，2014）。相比灾害后的组织搬迁，事前的预防性移民具有保障生命安全、减少财产损失、减少过渡性防灾设施的投入，以及避免教育医疗服务中断等优势（Correa，2011）。Arnall（2014）认为移民生计多样化是计划搬迁的重要保证，并指出了失败的做法是强迫移民搬离原居住地。Okada 等（2014）强调了社区、政府与社会力量的参与对计划搬迁的重要作用。Taiban（2013）指出了土著社区的文化和生计需求，以及搬迁后安置区的土地、文化、教育和经济民生问题对搬迁的影响。也有不少文献研究了政府组织的灾后计划搬迁，并指出了搬迁中存在的问题，包括政府缺乏快速决策的能力、忽视移民需求以及搬迁地点缺乏基本的基础设施等（Uscher-Pines，2009；Phelps，2010；Hirano，2012）。

3. 易地扶贫搬迁研究

易地扶贫搬迁是基于中国国情的制度创新，有关易地扶贫搬迁的研究文献多为中文撰写，英文文献数量非常有限（Xue et al.，2013）。Lo 等（2016）对中国易地扶贫搬迁移民安置满意度和搬迁意愿的研究表明，将移民安置在近距离的中心村和小城镇其满意度更高，并且年轻人、非农劳动力比例高的家庭更愿意搬迁。Pan 等（2016）研究了喀斯特山区易地扶贫搬迁安置区选址对 GIS 技术的应用。

通过知网查询发现，截至 2017 年 12 月，主题为易地扶贫搬迁的文献共有 920 篇，其中发表在中文核心及以上级别期刊上的文献共 95 篇，发文最集中的年份是 2016 年和 2017 年，占文献总量的 83%，最早有关易地扶贫搬迁的研究出现在 2004 年。由此可见，有关易地扶贫搬迁的研究是一个相对较新的研究，并且近几年的研究成果颇为丰富。按照时间顺序，国内对易地扶贫搬迁的研究大致可划分为三个阶段：

第一阶段（2004～2008 年），此时主要是有关易地扶贫搬迁试点的纪实性研究，涉及宁夏、贵州、内蒙古等地区。这一时期的研究是在西部易地扶贫搬迁实践的基础上进行的经验总结和归纳。

第二阶段（2009～2014 年），这一阶段的研究是在易地扶贫搬迁移民试点的基础上进行的，主要是探讨土地安置能力、安置区选址问题、少数民族移民的社会适应问题，以及对早期地方实践进行经验性总结。其中，胡勇（2009）对完善易地搬迁扶贫政策的探讨、施国庆和郑瑞强（2010）对扶贫移民工作思路的探讨及王红彦等（2014）对国际经验的比较研究是这一时期具有代表性、综合性的理论探讨。

第三阶段（2015～2020 年），这一阶段的明显特点是文献数量快速增加，研究更加注重理论探讨，研究主题更加多样化，研究地区也更加广泛。①基于政策的研究，以对移民政策演变规律（陆汉文、覃志敏，2015）、政策效果（贺立龙等，2017）、政策执行困境和偏差（何得桂，2016；陈坚，2017；叶青、苏海，2016）以及移民的政策需求（曾小溪、汪三贵，2017）

的研究为代表。②对移民搬迁后的生计变化及可持续发展问题的探讨（高聪颖等，2016；李聪，2018；汪磊、汪霞，2016；黎洁，2017；金梅、申云，2017），也是研究的热点问题。③有关易地扶贫搬迁配套政策的探讨，涉及资金金融（刘俊标，2015；杨钊，2016）、土地利用（姚树荣、熊雪锋，2017）、后续产业发展（侯茂章、周璟，2017）等方面。何得桂和党国英（2015）提出的陕南地区易地扶贫搬迁"搬富不搬穷、见户不见人、四移四不移、背皮"等政策执行偏差，形象地说明了陕南地区易地扶贫搬迁存在的"怪"现象。

4. 移民城镇化安置研究

城镇化安置具有"生计来源非农化、生活消费方式市场化和生存环境社会化"的特征（段跃芳、赵旭，2016）。

目前，学者们认为城镇化安置模式主要有：兴建"移民城"模式（高奇，2000），城乡联动移民安置模式（杨文健，2004），多样化、组合化城镇安置模式（蔡依平、张梦芳，2006；郑瑞强等，2011），以及小城镇安置模式（周君璧，2016）。梁庆福（2011）指出，生态移民的集中安置方式为农业安置、牧业安置、二三产业安置、城镇自谋职业安置、劳务输出安置、教育培训安置、社会保障安置等；陆汉文和覃志敏（2017）指出，扶贫移民非农安置的资产收益扶贫方式可拓宽移民生计来源。不少学者讨论了水利水电工程移民中的城镇化安置模式，并指出需要做好规划和保障，将移民安置和城镇化建设相结合（赵升奎等，2016；范本迅、孟朝晖，2014；朱益军，2014）。张茹等（2014）认为以农业园区为依托的安置模式是扶贫移民的特色，并建议分批次安置移民。

二、人口迁移决策

1. 人口迁移决策机理研究

自发性迁移中，当人口迁移意愿比较强烈时，他们发生迁移的可能性比迁移意愿低的人口要高出很多倍（Reichlová，2005；De Groot et al.，

2011；Van Dalen & Henkes，2013）。Haug（2008）从理性选择理论和社会资本的角度解释人口迁移过程。国内关于人口迁移决策的研究，如李兵等（2005）提出了人口迁移行为的理论框架，认为外在和内在的动力影响人们的行为；程丹等（2015）基于成本收益理论分析框架探讨了移民搬迁决策机制。

2. 人口迁移决策的外部影响因素

第一，环境因素。学界对环境变化是否会引发移民的结论出现分歧，主要是没有考虑移民自身的决策因素，应当构建包含政治、经济、社会、人口、环境等外部诱因和农户搬迁决策在内的全新的研究框架（Black et al.，2011）。Fotheringham 等（2000）引入内在吸引概念来衡量目的地对迁移者的拉力。Carr（2008）指出降雨频率、幅度以及持续时间的改变会影响人口迁移决策；Mostowska（2012）指出不同地方居民的日常生活习惯也会影响人口迁移的决策；Adams（2016）指出生态系统提供的服务、社会心理因素等也是人口迁移决策的重要影响因素。第二，其他外部因素。Flippen（2013）运用"相对剥夺感"解释美国黑人向南方的迁移，指出迁移是由于获得了社会地位的相对提升，从而减少了相对剥夺感。King 等（2014）认为搬迁决定通常是由个人或家庭做出的，并且会受到政府政策的影响。

3. 人口迁移决策的内部影响因素

第一，社会网络和社会资本与农户搬迁决策。有大量的文献表明（Hugo，1979；Haas & Fokkema，2011；Ryan，2011；Sun et al.，2013；Hiwatari，2016），社会网络是移民选择迁移目的地、就业、适应新的环境的重要影响因素。第二，行为心理因素。Hurlimann 和 Dolnicar（2011）以澳大利亚灾害移民为研究对象，指出受生计来源、家庭资产、情感纽带等因素的影响，家庭对通过搬迁来适应气候变化和应对极端灾害的态度并不相同，而家庭迁移的态度会在很大程度上决定家庭是否搬迁。第三，家庭属性特征。人的迁移行为受到家庭因素的影响，中国、东南亚等家庭观念较重的国家和地区的表现尤为明显（Cheng et al.，2014）。生命周期、迁出地与迁入地的距离、居住房屋特征、主观预期、人力资本、家庭资源是农村人口迁移意愿和行为的决定因素，并且由迁移意愿能够预测到永久性迁移，低收入家庭更多的是临时性迁移（De Jong，2000；Forster，2000）。国内的学者主要从家庭的自身属性特征入手探讨人口迁移决策，如家庭成员人口学特征包含家庭人口数量、年龄、劳动力比例、受教育水平，老年抚养比以及是否有学龄子女等。对于这些因素对搬迁意愿（行为）的影响，学界的观点尚不统一，如王珊和张安录（2010）认为家庭人口数量对搬迁意愿有正向影响，然而更多的学者认为家庭人口数量对搬迁意愿有负向影响（时鹏、余劲，2013；唐宏等，2011；唐勇智，2010）。对于户主（家庭）受教育水平对搬迁意愿的影响，学者之间的分歧更加明显。有学者认为户主的文化水平越高，搬迁的意愿（行为）越高（姜冬梅，2012；汤榕，2014；聂鑫等，2010），但也有学者持相反意见，认为户主（家庭）的文化水平越高，反而更加不愿意搬迁（刘呈庆等，2015）。这样的分歧同样出现在家庭经济因素对搬迁意愿的影响研究中，虞小强等（2011）认为家庭人均纯收入越高，人口的迁移意愿越高，但也有学者认为收入越低的家庭搬迁意愿越高。

4. 搬迁障碍与搬迁成本

以跨国移民为研究对象的自发性移民研究指出，某些国家对边境进行管制，不允许人口随意跨国迁移，因此边境管制和移民政策是跨国移民的重要障碍因素（Klabunde，2014）。Katano 等（2016）在比较了 8 个发展中国家的 1330 户已搬迁和未搬迁的家庭后，指出有些家庭没有足够的资金来负担他们的搬迁成本，有些家庭因为在搬迁以后找不到生计来源，所以他们不得不选择待在原住地。Milan 和 Ruano（2014）认为，生计手段单一的家庭更加不容易迁移，特别是以单一的农业手段为生的家庭，有被"困在"一个极易受气候变化影响的地方的危险。英国的前瞻报告在 2011 年指出，拥有较少的特征属性，特别是财富和社会资本的人口，在环境变化中容易陷入无法迁移的脆弱处境。

三、行为决策理论

决策理论是有关决策过程、准则、类型及方法的较完整的理论体系，按照研究范式可以分为规范决策理论（或古典决策理论）和行为决策理论。规范决策理论是基于"经济人"假设提出来的，要求决策问题界定明确、信息完全充分、决策者完全理性，以主观期望效用理论、贝叶斯决策理论等为决策依据。但是 20 世纪 70 年代以来，大量的实证研究充分展示了人的决策行为的复杂性，迫切需要新的理论分析、指导人的行为决策。

行为决策理论是揭示人们如何做出决策的理论体系，以诺贝尔经济学奖获得者赫伯特·西蒙（Herbert A. Simon）提出的有限理性学说，Kahneman 教授和 Tversky 教授共同提出的前景理论（或译为预期理论）等为代表。

1. 有限理性模型（Bounded Rationality Model）

Simon 在他 1955 年发表的文章中最早提出了有限理性学说，指出人的理性是一种有限的理性，需要用一种符合实际的理性行为，取代"经济人"式的完全理性的行为。他提出将"满意度"（Satisficing）原则作为决策判断的标准，即个体决策时仅考虑几个有限的选项，一旦感到满意就会停止搜索，并做出最终决策，而不可能对所有可能的选项进行比较，也称为"第一满意原则"。

2. 前景理论（Prospect Theory，PT）与累积前景理论（Cumulative Prospect Theory，CPT）

Kahneman 和 Tversky 于 1979 年在《前景理论：风险条件下的决策分析》一文中首次提出前景理论，后又进行了补充完善，形成了累积前景理论。前景理论认为决策包括编辑和评价两个阶段（见图 1-1）。编辑阶段：决策者的主要任务是对决策问题进行初步的分析和处理，对前景的形式进行整理，消除各个方案的公共成分和被占优的方案，对每一个前景进行合并简化，并进行简单的分析，产生一个前景描述。评价阶段：在编辑处理后，对各个前景的总价值 V 进行评价，根据模型选择最大有效前景。

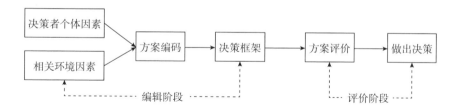

图 1-1 前景理论决策过程

资料来源：庄锦英：《决策心理学》，上海教育出版社 2006 年版。

根据 Kahneman 和 Tversky 的前景理论和累积前景理论，人们进行决策时往往存在确定效应、损失效应、参照依赖、框架效应、心理账户和选择性感知特点，具体到农户搬迁中的决策，主要有以下特点：

（1）确定效应。大多数人面临获利时是会进行风险规避的。搬迁获得更好的居住条件，并且还可获得一定的搬迁补助，这对农户来说是一件"获利"的事情。但是，离开熟悉的土地转而进行一种全新的"非农"城镇生活对他们而言未来是不确定的。而继续居住在山区是他们多年以来的习惯，不搬迁至少不会比现在更差，"风险规避"反映的是农户对未来未知生活没有把握和不确定的心理。

（2）损失效应。人们对损失和获得的敏感程度是不同的，大多数人对损失比对收益更敏感。就农户而言，如果搬迁后收入下降带来的痛苦会超过他们继续"忍受"目前居住环境的痛苦，那么他们对搬迁就会持谨慎态度。不搬迁，生活不会有更大的改观，但至少不会有更大损失，是维持原状的保守选择。

（3）参照依赖。大多数人对得失的判断往往根据参照点进行，人们前期做出的决策的实际结果会影响其后期的风险态度和决策。对于农户搬迁来说，他们的参照点来自于他们的社会网络关系，尤其是已经搬迁的农户的生活状态。如果已经搬迁的农户的居住条件很好，在政府的安排下也获得了更高的收入，未搬迁的农户就会获得一个良好的参照点。但是，如果有已经搬迁的农户搬迁后收入不及原来，甚至出现返迁回原居住地的现象，那么这就会给还没有搬迁的农户带来负面影响，甚至会动摇已经决定搬迁的农户的决心。

（4）框架效应。框架效应是指同一个问题的不同表述会带来不同的决策判断。当决策者认为某一事件是"损失"框架时往往表现出风险偏好，而当决策者认为其是"获益"框架时，往往表现为风险厌恶。就农户搬迁来说，他们对搬迁形成的决策框架取决于他们认为这是一件"获益"的事情还是一件降低"损失"的事情。如果他们认为通过搬迁可以避免他们在子女受教育、医疗等方面的损失，他们会表现出风险偏好；如果他们认为搬迁是一项"获益"的事情，他们将会表现得比较保守。

（5）心理账户。人们在决策时，头脑存在一个心理账户，会将等价的支出或收益划分到不同的账户中去。就农户对待搬迁成本的态度来说，如果他们把搬迁成本作为获得更好生活的必要投资或一笔不必要的开支，则会形成两种不同的心理账户。

（6）选择性感知。选择性感知是指当技术决策伴随多种约束时，人们总是会根据自己的主观经验去判断决策信息，而忽略与该决策信息对立的信息。对于农户搬迁来说，如果极少数已搬迁农户在城镇生活得不好、有返迁的个案，会强化尚未搬迁的农户对搬迁的负面印象，容易让农户忽视好的案例。

3. 风险态度的四种模式

Fox 和 Poldrack（2009）对人的四种风险态度模式进行了归纳（见表1-1）。

表1-1　风险态度的四种模式

	获益	损失
小概率	风险喜好	风险厌恶
大概率	风险厌恶	风险喜好

（1）大概率获益前景。概率权重函数为较大的欠估计，总体上加强了

风险厌恶，此时表现为风险厌恶。这可以解释人们面对获益时往往喜欢确定的后果。

（2）大概率损失前景。概率权重函数为较大的欠估计，总体上加强了风险喜好，此时表现为风险喜好。这可以解释人们面对损失时愿意"赌一把"的心理。

（3）小概率获益前景。概率权重函数为较大的过估计，即使价值函数为风险厌恶（凹函数），但总价值 V 较大，此时也表现为风险喜好。这可以解释人们为什么愿意花钱买彩票。

（4）小概率损失前景。概率权重函数为较大的过估计，即使价值函数为风险喜好（凸函数），但总价值 V 较小，此时也表现为风险厌恶。这可以解释人们为什么愿意花钱买保险。

四、研究述评

1. 政府主导下移民自愿搬迁的研究偏少

从文献数量上来看，大量的文献研究的是非自愿移民的风险、权益损失、征地补偿等，对于政府引导下的自愿移民的研究要少于对非自愿移民的研究。分析国内外的相关研究发现，国内外对非自愿移民的研究成果丰富，多为移民风险、安置、补偿的探讨，而对于自愿性移民的研究较少，且集中探讨环境、气候变化背景下的自发性人口迁移，对政府组织的自愿移民的研究非常有限。

2. 以农户搬迁决策为主题的研究非常有限

人口迁移理论在早期主要用于预测人口流向和流量，而现在则主要用于解释个人或家庭是否愿意搬迁。当人口迁移理论的研究由宏观转向微观的时候，学者们开始关注移民个体"为什么迁移"和"怎样做决策"。国外对农户搬迁决策的探讨主要是基于自发迁移的移民家庭的自我决策展开，并没有考虑政府政策等对农户搬迁决策的影响；国内对政府组织的移民搬迁决策的研究主要是基于移民自身的特征属性进行的，并没有系统阐述移民搬迁决策的全过程和内、外部因素是如何影响移民搬迁决策的。换句话说，农户搬迁决策的机理、过程并没有形成一套完整的、系统化的理论和分析框架。

3. 农户搬迁意愿和搬迁能力并没有得到区分

易地扶贫搬迁是我国的政策创新，相关研究也是近几年才兴起的，易地扶贫搬迁的许多问题还没有得到很好的研究。已有的研究文献并没有区分搬迁意愿和搬迁能力，在方法上也多采用 Logit 回归分析，对于农户未搬迁的原因及原因分类缺乏深入的分析。搬迁能力和搬迁意愿虽相互关联但却是不同的决策要素，区分搬迁意愿和搬迁能力，对于明确农户搬迁决策的机理和过程，准确把握未搬迁原因具有重要的意义。

4. 基于主体的模型在易地扶贫搬迁领域的应用尚处于空白

基于主体的模型由于可以模拟多主体和复杂适应系统的演变规律，近些年也被用在政策模拟分析中。移民搬迁是一个复杂的系统工程，并且移民之间的搬迁决定会相互影响，非常适合用该模型进行政策分析。但是通过文献梳理发现，基于主体的模型对政府引导下移民搬迁政策的研究尚属空白。

第四节　基本概念与理论基础

一、基本概念

1. 决策

决策是一个复杂的交叉性课题，涉及管理学、经济学、心理学、行为科学等多学科交叉领域，个人、企业、政府部门都离不开决策，生活中处处面临决策。诺贝尔经济学奖获得者 Simon 曾说"管理就是决策"，在一定程度上点明了决策在管理中的重要作用。Simon 认为按照过程论可将决策过程分为情报活动、设计活动、选择活动和实施活动四个阶段,其中前三个阶段属于"决定"。决策,既可以指决定的策略或办法,又可以指人们为各种事件出主意、做判断、做决定的过程。对于决策的含义,一般有三种理解:第一种是最狭义的理解,认为是对不确定或偶发性事情的处理,并且只有冒着风险做出的决断或者选择才是决策;第二种是狭义的理解,将决策理解为对备择方案的选择,也就是俗称的"拍板";第三种是广义的理解,认为决策是一个发现问题、提出问题、分析问题并解决问题的全过程,以特定的目标或问题为导向,决策者在一定的客观环境下,根据已掌握的信息,凭借自身的经验分析主客观条件的可能性,提出各种可能的方案,并对各个方案进行比较、分析,从备择方案中选择出最满意的方案,并随时根据反馈进行修正的过程。

2. 易地扶贫搬迁中的决策

在实际中,农户需要决策的事情有很多,包括与农业生产有关的,如是否采用新技术、种植何种作物等;与就业有关的,如创业还是务工、选择到哪里工作;与政策、政治权利有关的,如土地是否流转、是否参加社会保障、对村干部候选人的选择等。农户做出的和易地扶贫搬迁有关的决策,称为农户搬迁决策。广义的易地扶贫搬迁中的农户搬迁决策是指与易地扶贫搬迁过程有关的所有决策,大致可以划分为:第一,搬不搬。在易地扶贫搬迁政策的支持下,农户自主决定是否要搬离原来居住的地方,即是否搬迁。第二,搬到哪。在决定搬迁后,还要决定搬到哪里去。与自由迁移不同,易地扶贫搬迁主要采用集中安置的方式,即政府负责修建集中安置社区,移民自行决定是否入住,或是自主分散安置。第三,后续怎么发展。搬迁以后,大部分农户居住的地方在城镇附近,离耕地较远,需要重新选择非农就业的方式,因此面临是自主创业还是打工、是在本镇就业还是去外地就业、从事什么样的工作等决策问题。狭义的易地扶贫搬迁中的农户搬迁决策是指农户对"搬不搬"进行的决策,选项只有搬迁和不搬迁两种。本书中的农户搬迁决策,是狭义的搬迁决策,即农户在现行的易地扶贫搬迁政策下对"搬不搬迁"进行的决策。

3. 农户搬迁决策、农民搬迁决策与移民决策

易地扶贫搬迁的对象是居住在"一方水土养不起一方人"地区的农民，农民的搬迁是整个家庭的搬迁，而非个体单独的搬迁。此外，在当下，我国很多的权益都以户籍的划分为依据，这主要是因为以户籍划分在目前的阶段比较能够全面概括农民的属性。易地扶贫搬迁本身是一个复杂的工程，以家庭为单位研究搬迁决策较为合理。因此，本书研究的最小决策单元是农户，其做出的是否搬迁的决策称为农户搬迁决策。移民是已经搬迁的农户，本书并没有严格区分农民、农户与移民，只有当农户以家庭为单位做出和易地扶贫搬迁有关的决策时，才称为"农户搬迁决策"或"易地扶贫搬迁中的农户搬迁决策"。

4. 易地扶贫搬迁的政策模拟

本书第六章运用基于主体的模型对不同政策下的农户搬迁数量进行了模拟。与第四章和第五章的研究不同，第六章对搬迁补助、基础设施、产业就业收入政策等方面的政策进行改变，在计算机平台上进行农户搬迁决策模拟，目的是模拟如何以较小的成本投入实现最大数量的人口搬迁，是由农户搬迁决策"自下而上"回归到政府"自上而下"的政策优化，为政策改进提供参考。

5. 人口迁移

人口迁移是人类社会的一种社会经济现象。随着社会经济的发展，人口流动与迁移现象日渐频繁，人口的分布更加合理，自然资源的利用更加充分，是人类社会发展的必然结果。人口学的迁移含义是人口迁居到另一地点已达一定时间而改变了永久居住地的现象。由此可知，人口迁移是指人们从一个地方到另一个地方，永久定居在新的地方的过程，等同于移民的第一种释义，即人口迁移的过程。人口迁移的形式为移民。

6. 移民

移民有两种释义：一是人口居住地在国家和地区之间永久和半永久的迁移；二是指迁移到某一地方定居的人。从移民的定义中可以看出，移民

既可以指人口的迁移过程，又可以指迁移的人。移民可以是个人、家庭或大群体。不带有定居性质的人口迁移通常不称作移民，如吉普赛人乘坐带有大篷的汽车、卡车和拖车旅行，他们不停迁移，没有固定的居所，不属于移民。

7.（移民）搬迁

（移民）搬迁通常不仅指个体或群体搬离原居住地的过程，还包括后续的安置和发展，可以是自愿的或强迫的，大规模的或小型的，并且通常是永久性搬迁和定居，多指在本国境内安置，一般不涉及跨国安置。其既包括自愿的扶贫移民、灾害移民，也包括非自愿的工程移民。

二、理论基础

1. 推拉理论（Push and Pull Theory）

Lee（1966）指出，人口迁移除了和流出地（原居住地）的推力和流入地（目的地）的拉力有关之外，还和中间障碍以及个人因素有关。其中，中间障碍因素主要包括移民本人对于原居住地和目的地距离远近、语言文化障碍、物质障碍等的价值判断。

推拉理论是人口迁移行为的重要理论框架，后来的许多研究框架都是在该理论框架下形成的，其提出的原居住地的推力、目的地的拉力和中间障碍，是影响人口迁移的重要外部因素，但不足的是，该理论的研究框架只对宏观的人口迁移现象进行了解释，并没有强调个人或家庭的决策对人口迁移的重要作用。

2. 地方效用理论（Place Utility，PU）

地方效用最早是由美国普林斯顿大学的 Wolpert 教授于 1965 年提出来的。Wolpert 指出，个体或家庭对某个地方的整体性评价可以是正面（满意）的也可以是负面（不满意）的，当负面环境压力超过压力阈值（Stress-threshold）时（个体不同压力阈值不同），人们就会进行迁移。

推拉理论基于外部"力"的作用解释了人口迁移的宏观动力机制。在这些外部推拉力的"挤压"下，家庭开始考虑迁移。Wolpert 提出的压力阈值模型反映出，人们是结合对外部环境的主观感知，从而开始考虑迁移的。根据推拉理论，当人们原居住地的"压力因子"超过了人们可以承受的"压力阈值"时，人们感受到紧张，当环境压力超过一定的阈值时，人们就会考虑通过搬迁缓解和适应环境压力。压力既包括自然环境因素如环境污染，也包括居住地的文化社会因素，如犯罪率、邻里关系等。换句话说，不同的人的压力阈值不同，对外界的环境压力因子的识别也不同，因此只有感受到压力并且压力超过其忍受阈值的人才会启动迁移决策。

图 1-2 描述的是环境变化对家庭决策者进行迁移决策的影响。可以看出，家庭决策者会对环境变化产生完全不同的两种认知：一是满意，即对原居住地有较高的满意度，因此不会考虑搬迁；二是不满意，则将迁移纳入考虑的范畴。不满意的态度产生后又会形成没有足够的资源迁移、正地方依附感、恐惧或对迁入地不感兴趣以及负地方依附感四种决策路径。家庭对环境变化的感知是家庭是否考虑迁移的决定因素，如果家庭感受到了原居住地的风险和负向的居住效用时，才会将迁移纳入考虑范畴。

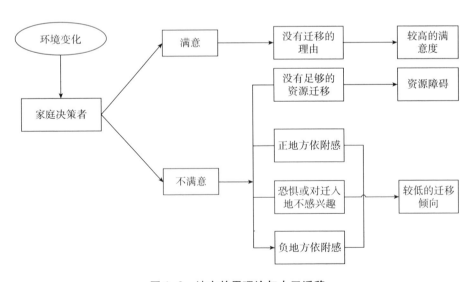

图 1-2　地方效用理论与人口迁移

资料来源：笔者根据相关研究整理所得。

地方效用理论几乎是和推拉理论同一时期提出的，该理论中的外部环境就相当于推拉理论的推拉力，其引入效用概念来衡量人口居住的满意程度，表明外部的推、拉力是通过人口的内部驱动力来影响搬迁的。虽然地方效用理论引入了决策者对于外部环境的感受，相比推拉理论更进一步，但是在影响因素上过于强调环境在人口迁移决策中的作用，忽略了其他的社会经济因素，因此对影响人口迁移决策因素的归纳并不全面。

3. 期望理论（Expectancy Theory）

期望理论又称作效价-手段-期望理论，是管理心理学与行为科学的理论之一，由北美著名心理学家和行为科学家 Vroom 于 1964 年在《工作与激励》中提出。该理论认为，一个人完成一项任务的动机是由其对完成任务可能性的预期和完成任务获得的价值决定的。如果一个人认为他达到目标的可能性越大，且从这个目标中获取的价值越大，那么他完成这项任务的动机就越强。

De Jong 和 Fawcett（1981）首次将该理论用于探讨人口迁移决策的激励因素，指出迁移行为是基于个人和家庭想要改善生活的潜在的价值或目标产生的，人们选择迁移是由于在一定程度上认为迁移会实现这一价值或者目标。潜在的价值或者目标包括：财富、地位、舒适、娱乐、自由、情感依托和求生。这一理论明确了价值或者目标，是激励个体迁移的重要因素。

从图 1-3 中可以看出，影响搬迁意愿的因素包括迁移的目标价值（Value）和预期可能实现的情况（Expectancy）。根据期望理论，个体或家庭的人口学特征、社会和文化规范、个体特征、地区之间的机会差异等内部、外部的因素决定了迁移决策者不同的目标价值和预期，除此之外，可获得的信息也影响预期。目标价值和预期共同影响着迁移意愿，而迁移意愿是人们迁移或留在原处的决定性因素。可以看出，期望理论重点强调了决策者的主观意愿对迁移的影响，不足之处是缺少有关个体的能力因素对迁移的影响的探讨。

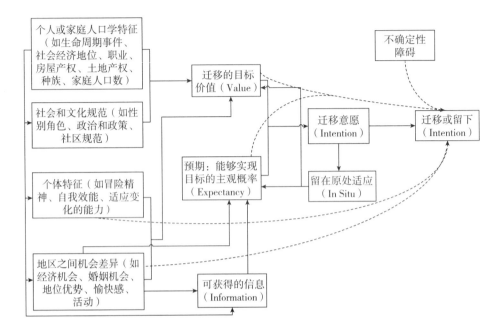

图1-3　期望理论与人口迁移

资料来源：De Jong G F, Fawcett J T. Motivations for Migration: An Assessment and a Valve-Expectancy Research Model. in *De Jong G F and Gardner R W*, *Migration Decision Making*: *Multidisciplinary Approaches to Microlevel Studies in Developed and Developing Counties*, New York: New York Pergamon Press, 1981.

4. 计划行为理论（Theory of Planned Behavior, TPB）

计划行为理论是由 Ajzen 提出的，主要是解释意图和行为之间的关系的一种理论。Ajzen 研究发现，人的行为总是处在控制之下，他在理性行为理论（Theory of Reasoned Action, TRA）的基础上，增加了一项对自我行为控制的认知，发展成为新的行为理论研究模式——计划行为理论。这一理论被用来解释人类的生育行为、健康行为等，近些年来也被用来解释人口迁移行为。

Sly 和 Wrigley 依据计划行为理论，指出人口迁移是一个完整的决策过程，需要具备明确的迁移目的、意图，才会产生迁移行为。

如图1-4所示，计划行为理论描述了人们进行迁移决策的思维过程，决策经历了从没考虑迁移到逐渐形成迁移的意愿再到实际的迁移行为准备阶段最后做出迁移行为的心理过程。计划行为理论将影响迁移意愿的因素细分为评估态度、主观规范和知觉行为控制，并且引入实际行为控制的概念，指出行为的发生还需要克服实际的障碍，从理论上对迁移意愿和迁移行为进行了区分，给本书研究易地扶贫搬迁的农户决策提供了很好的理论依据。

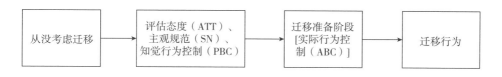

图 1-4　计划行为理论的迁移决策过程

资料来源：Sly D F and Wrigley J M. "Migration decision making and migration behavior in rural kenya"，*Population and Environment*，Vol. 8，No. 1，1985，pp. 78-97.

Sly 和 Wrigley 的研究至少可以说明人口的迁移决策符合描述性的研究范式，可以过程化、阶段化，每个阶段受到不同的因素影响，迁移意愿和迁移行为是决策的两个不同的阶段。不足之处是，其只研究自发性人口迁移决策，并没有加入政策对迁移决策进行探讨。

第五节　研究区域与数据来源

一、研究区域概况

本书以开展较早、规模较大的陕南易地扶贫搬迁为研究案例。陕南是指陕西南部地区，自西向东包括汉中、安康、商洛三个地市。陕南三市辖

28 个县，绝大部分地处秦巴山区集中连片特困地区腹地。

1. 陕南概况

秦巴山区，是指秦岭和大巴山一带，含 6 省市。秦岭的名称起于秦汉，西起嘉陵江，东与伏牛山相接，成自西向东走向，山势北陡南缓，群山毗连，峰峦重叠，河流源远流长。秦岭是长江、黄河的分水岭，也是陕西省一条极为重要的地理线。大巴山得名于古代巴族和巴方国。巴山与秦岭一样危峰如林，千崖万壑，森林茂密，道路崎岖险阻。

陕南地区位于秦巴山片区的腹地，山大沟深，生态脆弱，洪涝和地质灾害频发易发，受地理条件所限，人口居住也比较分散。秦巴山区耕地稀少，山区群众长期出行难、吃水难、就医难、上学难、生产难，艰苦的自然条件严重制约着当地群众的脱贫致富，贫困程度深。

对生活在陕南山区的农民来说，搬出大山成了脱贫致富的唯一出路。长期的扶贫实践也证明，对偏远山区的贫困群众实施易地扶贫搬迁，可以有效实现社会效益和生态效益。因此，从 2011 年开始，陕西统筹推进避灾、扶贫、生态和同步搬迁，涉及陕南的移民搬迁人口达 200 多万，是全国开展易地移民搬迁较早、移民规模较大的省份。

2. 安康市概况

本书调研的地区位于陕西省安康市 Z 县。安康市位于陕西省东南部，是陕西省乃至整个西北地区的最南端，总面积 2.35 万平方千米。安康市土地面积中山地约占 92.5%，丘陵约占 5.7%，川道平坝约占 1.8%。北边为平均海拔 2500 米左右的秦岭地区，南边为平均海拔 2400 米左右的大巴山地区，地貌呈现南北高山夹峙、河谷盆地居中的特点。

安康属亚热带大陆性季风气候，气候湿润温和，四季分明，雨量充沛。年平均降水量 1050 毫米，极端年最大雨量 1240 毫米（2003 年），每年 6 月至 9 月降雨量最为集中，一般 7 月达到降雨量峰值。

截至 2016 年，安康市辖 1 区 9 县，人口密度为每平方千米 115 人，2016 年底常住人口 304.4 万人，户籍人口为 265.6 万人，城镇化率约为 45.6%，户籍城镇化率约为 34.8%。安康的人口以汉族为主，包括回族、满族、蒙古族、土家族等 37 个少数民族。2020 年以前，安康市的贫困县（区）共有 10 个，GDP 和财政收入占陕西省的比例较低。2016 年脱贫攻坚战打响时，安康市 10 个县全为贫困县，截至笔者调研的 2017 年，安康市仍有 8 个县为贫困县。

3. Z 县概况

Z 县地处秦巴腹地，巴山北麓，全县总面积 2200 多平方千米，Z 县区域内群山环绕，农民的住房依山而建（见图 1-5）。Z 县 1000 米以上的山峰上百座，2000 米以上的山峰 11 座，分属大巴山、米仓山和凤凰山三大山脉。我国知名作家贾平凹曾这样描述 Z 县县城，"上完三百六十阶，才见斗大一块城。"城里是座山，山上是座城，进了城就是进了山，进了山也是进了城。

图 1-5 搬迁前群众原居住房屋

资料来源：笔者调研时拍摄的照片。

Z县洪涝灾害多发。Z县气候垂直变化较大，属亚热带湿润季风气候区。县内年平均气温15.1℃，年降水总量1066毫米，最多年降水量1682.8毫米，与长江中下游地区降雨量相当，但是降雨季更加集中，降水多集中在6~9月，常引发洪涝灾害。

Z县是全国地质灾害较严重的地区。Z县横跨扬子准地台，秦岭褶皱一级构造单元，区域内有多处大断裂，岩体破碎，滑坡、崩塌、泥石流等地质灾害频发，造成的损失较大。近几十年来，铁路、公路等基础设施的持续快速建设，也在一定程度上诱发了地质灾害。

Z县曾是国家级深度贫困县。根据笔者调研了解，截至2016年底，农村居民收入为8789元，人均城镇固定资产投资额为24283元，城镇化率为37.49%，均排在安康市的中后位。2016年贫困人口9.55万人，占全县常住人口的33.4%。

二、数据来源

为了做好数据采集，笔者于2016年1月前往陕南地区进行预调研。笔者的家乡在陕西省，在调研过程中得到了陕西省国土资源厅、扶贫开发办公室等同志的支持和引荐，建议笔者以X县和Z县为案例研究点，因为这两个县在移民增收和劳务输出培训等方面各具特点。笔者在2016年进行预调研时去了X县和Z县，采用与干部座谈、深入访谈的方式分析易地扶贫搬迁实施过程中存在的问题，农户的搬迁意愿、态度和存在的实际困难等，了解移民搬迁工作开展的实际情况。在县移民（脱贫）搬迁工作办公室干部同志的带领下，笔者进行了40个小样本预调研（两个县各20个），之后将调研的情况反馈给多位移民学专家，并结合他们提出的建议对调查问卷进行了修改完善，确定Z县为最终的调研地点。

经过一年多的准备，正式的调研于2017年8月展开。笔者没有采用发放问卷再统一收回的方式，主要是因为这样做一是容易导致问卷回收困难，二是如果农户对问卷内容理解不准确就容易导致问卷填写不准确。由于本书不是针对大样本的研究，而是针对小样本的深度调研，所以每份问卷的填写质量尤为重要。笔者在实地考察后发现，当地村民在面对本村镇的人时更容易表达真实的想法。同时，调研正值暑期，村里的大中专院校的学生很多都放假在家，他们对各家的情况比较了解，沟通更便利，且他们的理解能力相对较强，经过简单培训就能很好地进行问卷调查。所以，笔者一行三人和当地的移民干部、村干部和大中专院校学生组成问卷调研小组。移民干部、村干部主要向村民介绍我们进行问卷调查的目的，笔者一行和当地大中专院校的学生进行问卷调查，采用一对一访谈并现场填写问卷的形式，收到了比较好的效果。

问卷由四部分组成：第一部分是被访者家庭成员基本信息，涉及家庭成员受教育水平、家庭人口结构、非农劳动力和收入比例、年均消费情况等。第二部分是对目前居住地效用的感知和对迁入地的认识，包括地理位置、住房条件、自然灾害、基础设施和公共服务、生态环境、发展机会。第三部分是有关移民搬迁的态度、主观规范、知觉行为控制、对搬迁后职业和收入变化的预期，包括本人及家庭成员对移民搬迁的态度、亲友搬迁行为的影响、移民对搬迁后生活的适应和控制行为、搬迁后收入、职业变化的预期。第四部分是对政策的了解和满意程度，包括搬迁补助、就业安置、宅基地处理、社会保障等政策。

调研历时三周半，共走访已搬迁住户 100 户，未搬迁农户 120 户。对于已搬迁住户采用完全调研法，调研的 M 安置社区共 100 户，除不愿接受调研和有误差的样本外，共收集 91 户样本，有效率 91%。对于未搬迁农户采用分层抽样法，120 户样本中所有信息填写完整并且准确的为 104 户，有效率 86.7%。具体而言，在预调研中发现，村庄距离镇中心越远，农户的搬迁比例越高，留在村里没搬迁的人越少，即距离是影响搬迁比例的重要因素。为了保证样本尽可能反映总体的情况，笔者按照距离镇中心的远近将村庄分成三个层次，在每层随机抽取一个村庄，并在村庄的内部按照简单随机抽样的方式抽取样本。这样做的好处是：分层减小了各抽样层变异性的影响，尽可能让每个样本按照比例等概率地出现在各层，保证样本的代表性，从而提高样本对总体估计的精确度。安置社区 M 和村庄 A、村庄 B、村庄 C 的样本情况如表 1-2 所示。

表 1-2　样本基本情况

项目	安置社区 M	村庄 A	村庄 B	村庄 C
距离镇中心平均距离（千米）	0	3	8	20
总户数（户）	100	274	230	113
样本数（户）	91	48	35	21
人均耕地（亩）	—	0.61	1.6	1.86
人均可支配收入（元）	12449	9356	9800	9113
务工人口比例（%）	79.3	19.3	14.2	34.9

第六节　研究内容、方法与技术路线

一、研究内容

本书从农户搬迁决策的角度出发，构建易地扶贫搬迁中农户搬迁决策模型并分析各搬迁决策要素。第一，构建农户搬迁决策理论框架。构建农户进行易地扶贫搬迁决策的"W-A-P"理论模型，即农户搬迁意愿、农户搬迁能力和政策的理论模型。第二，搬迁决策要素分析。①农户的搬迁意愿分析，即分析农户搬迁意愿以及影响搬迁意愿的因素。②农户的搬迁能力分析，即分析农户搬迁能力以及与农户搬迁能力相关的家庭特征变量。③政策对农户搬迁决策的影响，即分析政策如何对农户搬迁决策产生影响。

本书共分为七章：第一章为绪论；第二章分析易地扶贫搬迁的基本情况；第三章提出农户搬迁决策理论模型，是第四、第五、第六章的统领性

章节：第四章分析农户的搬迁意愿；第五章分析农户的搬迁能力；第六章
是政策对农户搬迁决策的影响分析；第七章是结论与展望。具体章节安排
如下：

第一章是绪论。本章是对全书的概括性论述，交代了研究背景、研究
意义、国内外研究状况、基本概念与理论基础、数据来源、研究内容和方
法，以及技术路线。

第二章是易地扶贫搬迁的现状与问题。本章对易地扶贫搬迁的内涵与
外延、主要内容，陕南易地扶贫搬迁农户的政策需求，以及易地扶贫搬迁
的实施问题等进行了系统的梳理，提出可以尝试从农户决策的视角进行学
术研究。

第三章是农户搬迁决策理论模型。本章对农户搬迁决策的研究框架、
农户搬迁决策的特点进行了研究分析，在此基础上首次建构了易地扶贫搬
迁中的农户搬迁决策"W-A-P"理论模型，提出决定农户搬迁决策的关键
因素为搬迁意愿、搬迁能力和政策，并运用四象限法分析了该模型在实际
搬迁动员中的应用前景。

第四章是农户的搬迁意愿分析。本章分析"W-A-P"理论模型的第一
个因素——搬迁意愿，确定了影响搬迁意愿的内、外部关键因素，形成研
究假设。通过因子分析、结构方程等实证模型，结合陕南易地扶贫搬迁问
卷数据，分析各个因素对搬迁意愿的影响，以及影响因素之间的关系。

第五章是农户的搬迁能力分析。本章是对"W-A-P"理论模型第二个
因素——搬迁能力的分析，首先通过对农户搬迁障碍的分析，确定了农户
搬迁需要具有经济能力、就业能力和适应能力；其次通过均值比较分析、
二元选择回归模型对决定农户搬迁能力的家庭特征变量进行识别。

第六章是政策对农户搬迁决策的影响分析。本章在比较政策模拟方法
的基础上，确定运用基于主体的模型模拟农户主体之间的互动，以产生
"自下而上"的涌现效果。通过改变搬迁补助、基础设施配套资金和产业就
业配套资金等政策变量，模拟农户搬迁数量的变化，得出可实现最大搬迁
量的政策变量的最优设置点，对政策提出改进建议。

第七章是结论与展望。本章对本书的主要结论进行回顾性概括，并同其他文献的结论进行了比较，进而以此为基础在整体上对易地扶贫搬迁政策提出建议；在研究展望部分指出本书的研究局限，并对未来的研究进行展望。

二、研究方法

1. 资料收集方法

（1）文献法。一是通过文献查阅，了解国内外在移民理论研究、农户搬迁决策研究、贫困治理与易地扶贫搬迁研究、政策模拟研究等方面的进展，并对研究现状进行述评，找出目前研究的"空白"，从而提出本书的研究立足点。二是在对农户搬迁决策理论进行分析时，对国内外的决策理论、人口迁移理论等主流理论进行了梳理，形成移民搬迁决策的总体框架。三是在政策分析时，收集并整理"十二五"时期和"十三五"时期的农户搬迁政策，特别是农户比较关注的搬迁补助、就业等政策，并形成政策分析框架，为政策模拟奠定基础。

（2）访谈法。本书的研究主要包括干部访谈和个案访谈两种方式。为了了解移民搬迁的实施状况，笔者对县、乡镇、村三级干部进行了结构式访谈和非结构式访谈，对在移民搬迁实施过程中存在的问题、动员搬迁的困难、搬迁安置的后续发展等进行了深入的了解，并形成访谈记录。分别对已经搬迁的农户、还未搬迁的农户进行了个案深度访谈，了解他们实际的搬迁花费、资金来源、搬迁后的收入来源、生活水平的变化，以及还没有搬迁的实际困难等。

（3）问卷法。为了构建实证模型对理论假设进行验证，笔者分别对已经搬迁和没有搬迁的农户家庭进行了问卷调查，涉及家庭成员基本情况、搬迁的心理情况、对原居住地的风险感知和安置地的居住满意度、对政策的满意度、搬迁前后的收入来源、社会网络关系对搬迁的影响、对未来的收入预期等多个方面，在对收集到的数据进行处理后将其用于模型构建分析。

2. 资料分析方法

本书注重将理论研究与实证研究相结合，在理论框架的基础上结合陕南 Z 县实地调研收集的数据，进行定量分析，对理论框架进行验证。本书的资料分析方法包括：

（1）对比分析。本书多次运用了对比分析的方法。一是将已经搬迁和尚未搬迁的农户进行对比。在第五章分析搬迁能力时，着重比较已经搬迁的农户和尚未搬迁的农户在人口结构、受教育水平、经济收入、社会网络关系、居住距离远近等方面的差异，从而分析出影响搬迁行为的因素。二是尚未搬迁农户内部的比较分析。在第四章对搬迁意愿的分析中，探讨未搬迁的农户在搬迁心理适应、对居住地环境压力的感知、政策满意度等方面的差异，比较各方面因素对农户搬迁意愿的影响。三是对政策变化的对比。在第六章对政策的分析中，重点对比了"十二五"时期和"十三五"时期在搬迁补助、基础设施配套资金、产业就业配套资金等方面的政策差异，比较在不同政策下农户搬迁数量的变化。

（2）因果分析。第三章的决策理论模型的分析充分体现了因果分析的方法。对于搬迁意愿的形成过程，分析了影响搬迁意愿的五大因素以及因素之间的相互关系，分析了"内部因素/外部因素—搬迁意愿形成"之间的因果关系；在对搬迁能力进行分析时，着重分析"搬迁障碍、农户搬迁能力以及家庭特征变量"之间的因果关系。

（3）统计分析。第二章和第四章均运用了统计分析的资料整理方式，运用统计图、表，对调查对象的基本信息、搬迁意愿的高低、环境压力的感知等进行了图、表展示。统计分析旨在为之后进行的建模分析以及因子之间的深度关系分析奠定基础。

（4）建模分析。第四、第五、第六章中运用了建模分析的定量研究方法。其中，在搬迁意愿的研究中构建了因子分析模型和偏最小二乘法结构方程模型，以探究各因素对搬迁意愿的影响；在进行搬迁能力分析时，运用均值比较、二元选择模型进行回归分析，探究已经搬迁农户和未搬迁农户的家庭特征属性差异；在进行政策分析时，构建基于主体的模型，针对不同政策条件下农户的搬迁数量、搬迁总投入进行模拟分析。

三、技术路线

本书按照提出问题—理论框架—实证模型—研究结论的思路进行。首先，本书在阐述研究背景和国内外相关研究进展的基础上提出研究问题。其次，基于国内外相关理论，结合中国的易地扶贫搬迁实际，形成研究的理论框架。再次，通过收集实证数据，构建因子分析和结构方程模型、二元选择回归模型和基于主体的模型，分别分析影响搬迁意愿和搬迁能力的因素，并模拟不同政策条件下农户的搬迁情况。最后，形成研究结论并提出研究展望。具体的研究技术路线如图1-6所示。

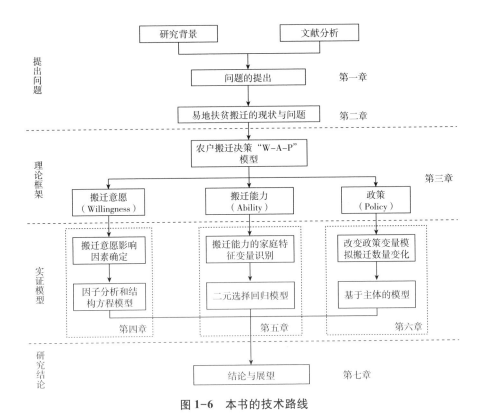

图1-6　本书的技术路线

第二章　易地扶贫搬迁的现状与问题

易地扶贫搬迁具有"挪穷窝、换穷貌、改穷业、拔穷根"的特点，是集中连片特困地区脱贫的根本举措。本章主要分析易地扶贫搬迁的现状与问题，从学科属性、历史沿革、主要内容、实施问题等方面进行研究，并提出学术研究的方向。

第一节　易地扶贫搬迁的属性

易地扶贫搬迁是指将居住在"一方水土养不起一方人"地区的农村贫困人口，包括深山、高寒、荒漠化、地方病多发等生存环境差、不具备基本发展条件、生态环境脆弱、限制或禁止开发等地区，在坚持群众自愿的原则下，由政府统一组织搬迁到尽量靠近中心村、小城镇、产业园区、旅游景区等生活和生产条件较好的地区安置。其是依托城镇和产业发展等后续发展措施，帮助搬迁群众脱贫致富，以实现"搬得出、稳得住、能致富"目标的精准扶贫、精准脱贫的系列措施之一。广义的易地扶贫搬迁，是包括避灾移民搬迁、生态移民搬迁和扶贫移民搬迁等在内的大扶贫搬迁的概念。

一、易地扶贫搬迁的学科属性

按照不同的分类标准，移民可以划分为不同的类型：

（1）移民按照其迁移的意愿分为自愿移民和非自愿移民。非自愿移民，如工程建设非自愿移民，是指移民本身没有自主选择权，被迫离开居住的家园。为了生态保护目的而不得不离开原居住地的生态移民，也属于非自愿移民。非自愿移民是以利益牺牲为代价的，要做好补偿和安置。自愿移民是指人们自愿选择离开原居住地而迁往其他地方居住的移民类型。自愿移民可以是主动的，也可以是被动的，可以是政府主导的，也可以是自发的。

（2）移民按照其迁移的主客观性分为主动移民和被动移民。被动移民通常是由于外部环境发生了改变，如灾害移民、环境移民、战争移民，通常是一些"不好"的改变而导致的迁移。主动移民包括为了获得更多的求职机会的劳动力迁移、为了追求更好的教育机会的教育移民等多种移民类型。当然，主动和被动的划分不是绝对的，可能是两者兼而有之，如在战乱或者灾害频发的国家，跨国移民既是为了躲避战乱或者灾害，同时也是为了获得更多的收入来源。

（3）移民按照迁移行为的组织者分为自发移民与组织移民。自发移民是移民自己根据自身的情况迁移到其他地方，通常情况下，迁移目的地、时间都由移民自由选择，迁移后的生计来源也由移民自己解决。组织移民一般是由移民的组织者（通常是官方与半官方的机构）统一规划、实施移民集中迁移，迁移时间、安置点等都由组织机构同移民协商后决定，对于移民迁移后的生计来源和后续发展，组织者通常会进行帮扶规划。组织移民通常又称为移民搬迁，工程移民、生态移民、避灾移民、易地扶贫搬迁都属于组织移民。

（4）移民按照迁移运动范围的大小一般可分为国际移民和国内移民。跨国（国际）移民是指在国与国之间迁移的移民类型，多为经济社会因素如收入差距、气候变化和政治冲突因素引起的，表现形式一般为国际难民、人才流失、跨国婚姻移民等。国内移民通常指在一个国家内部迁移定居的移民类型，包括自发的劳动力迁移以及国家组织的移民搬迁等。国内移民按照在城市和乡村之间的迁移又可以分为乡—城移民、城—乡移民、乡—

乡移民、城—城移民。

（5）移民按照在目的地和原居住地之间往返的频率可以分为单次移民和往返（季节性）移民。单次移民通常是指离开原居住地后直接定居不再返回的移民类型，属于永久性的移民。往返移民通常是指往返于目的地与原居住地之间的移民，一般的外出季节性务工往返于城镇与乡村都属于季节性移民。

（6）移民按照外部诱因可以分为单一因素移民和多因素移民（混合移民）。可能引发移民的外部诱因主要有生态环境与自然灾害类、政治宗教与战争冲突类、社会经济类、工程建设类四大类，根据这些因素移民又可细分为灾害移民、环境移民、生态移民、经济移民、教育移民、战争冲突移民、工程移民。引发移民的因素可能是一种也可能是多种，移民的目的也可能是一种或者多种，据此又可把移民分为单一目标移民和多目标（混合目标）移民。

从学理上划分，易地扶贫搬迁属于自愿移民、主动移民、组织移民、国内移民、单次移民、多外部诱因移民的范畴（见图 2-1）。

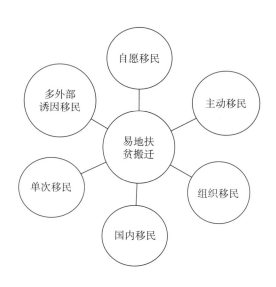

图 2-1 易地扶贫搬迁学理划分

资料来源：笔者绘制。

（1）自愿移民。易地扶贫搬迁坚持"移民自愿"的原则，也就是说移民自身有选择搬与不搬的权利，这是与工程类移民最大的不同。

（2）主动移民。易地扶贫搬迁是主动移民措施。与传统的在遭受自然灾害之后被迫迁移不同，易地扶贫搬迁是在灾害发生之前就离开原居住地，这样可以减小损失，避免陷入"受灾—贫困—再受灾"的恶性循环。

（3）组织移民。易地扶贫搬迁是由政府组织的移民安置活动。易地扶贫搬迁的组织者和顶层设计者是中国政府，具体实施者是各级地方政府，因此属于政府引导下的自愿移民搬迁。

（4）国内移民。易地扶贫搬迁由中国政府组织实施，对象是居住在"一方水土养不起一方人"地区的贫困人口，这一搬迁安置过程是在中国境内完成的，不涉及跨国安置。

（5）单次移民。易地扶贫搬迁是一次性将贫困人口从不宜居住的地区搬迁出来的措施，并在靠近产业园区、中心城镇的地方修建安置房屋，将原宅基地腾退复垦，目的就是让移民能在城镇安居落户，避免返迁。因此，其属于以定居为目的、不再返回的单次移民，与其他往返、季节性移民有着根本的不同。

（6）多外部诱因移民。易地扶贫搬迁的外部诱因是多方面的，"资源承载力不足、地方病高发"属于环境诱因，"公共服务严重滞后，发展困难"属于扶贫诱因，"地质灾害频发易发"属于灾害诱因，"国家限制开发区域"属于生态诱因。由此来看，易地扶贫搬迁的外部诱因并不是单一的，而是多种外部诱因叠加在一起，所以易地扶贫搬迁也是多目标的混合型移民。

二、易地扶贫搬迁的关键词

（1）搬迁谁与谁来搬。易地扶贫搬迁的定义指出，易地扶贫搬迁的对象是居住在深山、高寒、荒漠化、地方病多发等生存环境差、不具备基本发展条件、生态环境脆弱、限制或禁止开发地区的农村贫困人口。一是贫困地区，二是农村人口，具体包括建档立卡贫困人口和同步搬迁人口。不同于人口自发性的迁移，易地扶贫搬迁是政府主导的、规模化的、定点安置的组织搬迁，政府是直接的负责主体。

（2）坚持群众自愿的原则。易地扶贫搬迁必须要充分尊重群众的意愿，这是与工程建设移民等非自愿移民最大的不同。坚持群众自愿，不能搞强迫搬迁，既要应搬尽搬，又要防止盲目的不加选择的"运动式"搬迁。

（3）两阶段与三目标。易地扶贫搬迁从大的阶段来划分，可以分为搬迁和发展两个主要的阶段，搬迁阶段的目标是"搬得出"，发展阶段的目标是"稳得住、能致富"。搬迁是第一个阶段，也是非常关键的一步，如果无法让群众从不适宜居住的贫困地区转移出来，就谈不上后续的脱贫和致富。搬迁出来之后，政府并不是就不管了，而是会实施一系列脱贫致富的发展措施，目的就是让搬迁出来的群众尽快脱贫。搬迁是手段，发展是目的；"搬得出"是发展的前提，"稳得住、能致富"巩固了搬迁的成果。

三、易地扶贫搬迁和其他移民搬迁的关系

（1）与计划搬迁和预防性移民的关系。计划搬迁（Planned Relocation）多为气候变化背景下的搬迁，是指有组织的个人或群体迁移或被迁移家园，定居在新的地方，并给予重建生活的必要条件的过程。预防性移民（Preventive Resettlement）主要是一种"事前"的适应措施，多为自然灾害背景下的搬迁。易地扶贫搬迁与计划搬迁和预防性移民的相同点是：都是在损失来临之前的一种"预防性措施"。易地扶贫搬迁的对象一部分就生活在自然灾害频发区，搬迁本身就带有避灾的目的。易地扶贫搬迁与计划搬迁和预防性移民的不同点是：易地扶贫搬迁的目的更加宽泛，兼具扶贫、避灾、生态保护等多个目的。计划搬迁和预防性移民主要是防止灾害可能带来的生命财产损失，以避灾为目的，较少涉及移民安置特别是后续发展问题。

（2）与工程非自愿移民的关系。工程非自愿移民是指由于兴修水利、道路、管线等基础建设工程而将受影响区域的群众搬迁出去的迁移类型。易地扶贫搬迁与工程非自愿移民的共同点是：需要解决好移民的安置问题、

后续生计发展问题。易地扶贫搬迁与工程非自愿移民的不同点是：第一，易地扶贫搬迁坚持群众自愿原则，属于自愿移民。第二，易地扶贫搬迁的对象是贫困人口，且要保障其后续的生活水平超过原有的生活水平，至少要"脱贫"，后续还要"稳定致富"。工程非自愿移民的对象既有贫困和弱势群体，也有一般的群体，其后续的生活水平要"达到或超过原有生活水平"，标准低于易地扶贫搬迁。工程非自愿移民是为了修建大型工程，或者是为了实现公共利益或商业利益，应当尽量避免移民；易地扶贫搬迁是群众脱贫的手段，应当做到"应搬尽搬"。

第二节　易地扶贫搬迁的内涵与外延

一、易地扶贫搬迁的历史沿革

易地扶贫搬迁作为中国开发式扶贫的重要措施之一，经历了从开发式扶贫移民试点到稳步推进自愿移民搬迁再到精准扶贫的重要制度举措的发展过程。易地扶贫搬迁的历史可以追溯到 1983 年的"三西吊庄移民"。1983 年，我国政府针对甘肃河西、定西和宁夏西海固地区严重干旱缺水，导致当地群众生存困难的情况，探索实施"三西吊庄移民"，帮助当地群众摆脱贫困，取得了良好的经济、社会和生态效益，开启了扶贫搬迁的先河。

之后，扶贫搬迁的探索持续进行，试点规模也在逐步扩大，制度不断成熟。我国早在"十五"时期就开始了搬迁试点工程，共组织实施了 120 万人的搬迁。"十一五"时期和"十二五"时期，继续积极稳妥地推进易地扶贫工程。"十三五"时期易地扶贫搬迁对象的认定更加准确、涉及的范围更广、制度也日趋定型。我国易地扶贫搬迁的政策发展过程大致可以分为以下三个阶段：

（1）开发式扶贫移民试点阶段（1994～2000 年）。1994 年，国务院印发《国家八七扶贫攻坚计划（1994—2000 年）》，提出"对极少数生存和发展条件特别困难的村庄和农户，实行开发式移民"，我国农村贫困人口大幅度减少，解决了 8000 万贫困人口的吃饭问题。

（2）稳步推进自愿移民搬迁阶段（2001～2012 年）。《中国农村扶贫开发纲要（2001—2010 年）》指出，首要的扶贫开发对象是贫困地区尚未解决温饱问题的贫困人口，以发展种养业为重点，推进农业产业化经营、农村基础设施建设，加大科技扶贫力度，稳步推进自愿移民搬迁。2001 年，在内蒙古、贵州、云南、宁夏 4 省（自治区）开展易地扶贫搬迁试点，随后陆续推广至全国 17 个省（自治区、直辖市）。

（3）精准扶贫的重要制度举措阶段（2013～2020 年）。中国共产党第十八次全国代表大会召开以来，党和国家下决心要解决贫困问题。2013 年习近平同志创造性地提出了精准扶贫、精准脱贫基本方略，易地扶贫搬迁成为新时期实施"五个一批"工程的重要举措。多年实践证明，由于生产生活条件极其恶劣、就地扶贫措施成效不显著，易地扶贫搬迁成为摆脱贫困的有效途径。陕西、重庆等省市结合当地实际，统筹推进生态移民、避灾搬迁等搬迁工程。党的十八大召开后的五年内，我国贫困人口减少 6800 多万，为世界减贫事业做出了贡献。2017 年 10 月，党的十九大提出要确保贫困地区群众同全国人民一道进入全面小康社会。至 2020 年，已如期完成新时代脱贫攻坚目标任务，实现现行标准下农村贫困人口全部脱贫，贫困县全部摘帽，消除了绝对贫困和区域性整体贫困。

二、易地扶贫搬迁的主要内容

易地扶贫搬迁的制度安排需要统筹考虑搬迁谁（搬迁对象确定）、往哪里搬与安置房建设在哪里（安置方式）、搬迁后如何脱贫（后续发展）三个最主要的问题。本部分依次讨论搬迁对象确定、安置方式和后续发展三方面的内容。

1. 搬迁对象确定

本书所说的易地扶贫搬迁的对象与《全国"十三五"易地扶贫搬迁规划》（以下简称《规划》）的含义相同。搬迁的区域是自然条件严酷、生存环境恶劣、发展条件严重欠缺且建档立卡贫困人口相对集中的农村贫困地区，主要涉及"四区"：自然条件恶劣、不具备基本发展条件的地区，禁止开发区或限制开发区，基础设施、基本公共服务设施薄弱地区，地方病严重、地质灾害频发地区。这样的表述包含了扶贫移民、生态移民和避灾移民的大扶贫搬迁的概念。

推进精准扶贫、精准脱贫，扶贫对象的识别是关键。易地扶贫搬迁对象主要包括居住在深山、高寒、荒漠化、地方病多发等生存环境差、不具备基本发展条件，以及生态环境脆弱、限制或禁止开发地区的约981万建档立卡贫困人口和647万同步搬迁群众。

扶贫移民的政策安排很早就开始了，只是当时没有明确提出易地扶贫搬迁的概念。根据国家发展改革委2018年3月发布的《中国的易地扶贫搬迁政策》统计，2001~2015年，全国累计安排易地扶贫搬迁中央补助投资363亿元，支持地方搬迁贫困群众680多万人。其中，2001~2010年中央补助投资132亿元，搬迁贫困群众286万余人；2010~2015年中央补助投资231亿元，搬迁贫困群众394万人。

"十三五"以来，国家加大了将生活在"一方水土养不起一方人"地区的农村人口迁移到更为安全便利、宜居宜业的新地方的补助力度和政策安排，旨在从根本上改善居民生存环境恶劣等问题，计划搬迁981万建档立卡贫困人口和647万同步搬迁人口。2016年完成249万人的易地扶贫搬迁任务，2017年完成340万人的易地扶贫搬迁任务。根据国家发改委统计，2018年计划完成280万人的搬迁建设任务，到2018年底，全国计划完成的易地扶贫搬迁任务能够达到总搬迁任务的88.6%，涉及全国22个省（自治区、直辖市）。

全国"十三五"时期易地扶贫搬迁人口达到百万以上的省（自治区）共有5个，分别为陕西、四川、贵州、湖北、广西；搬迁人口为50万~100

万的省共有 3 个，分别是云南、甘肃、湖南；搬迁人口为 10~50 万的省（自治区、直辖市）共有 7 个，分别是新疆、青海、内蒙古、山西、河南、江西、重庆；低于 10 万人的省（自治区）共有 7 个，分别是西藏、宁夏、河北、山东、安徽、福建、吉林。从各省份的情况来看，将易地扶贫搬迁作为主要脱贫手段的省份主要集中在中西部地区。

整体来看，易地扶贫搬迁地区涉及全国 22 个省份 1400 个县（市、区），包括西部 12 个省份 664 万人，中部 6 个省 296 万人和东部 4 个省 21 万人。这些地区的致贫原因主要包括六大类：一是资源承载力严重不足；二是公共服务严重滞后且建设成本过高；三是灾害频发易发；四是处在国家禁止或限制开发地区；五是地方病高发；六是其他原因。

2. 安置方式

易地扶贫搬迁城镇化安置是指人口和资源要素向城镇集中的过程，按照"易地扶贫搬迁、小城镇建设、农业现代化"的思路，将易地扶贫搬迁与产业发展结合、与新型城镇化建设结合、与新农村建设结合。生产安置以第二、第三产业为主，生活安置以县城、中心城镇为主进行城镇化集中安置，采取城镇社区管理模式，配套相应的水、电、医、校等基础设施和公共服务设施。安置区选址以方便搬迁群众生产生活和就业为目标，尽量靠近中心村、小城镇、产业园区、旅游景区，避免出现因选址不当进行二次搬迁；鼓励采取以集中安置为主，集中安置和分散安置相结合的安置模式，引导搬迁群众在安置区附近就业，注重搬迁安置与乡村旅游有机结合，帮助搬迁群众通过开发旅游资源、开办农家乐等脱贫致富。安置区还提供较为完善的基本公共服务，帮助解决搬迁群众就医、就学等后顾之忧。

进行城镇化安置的原因有三：第一，破解人地矛盾突出、农业安置容量有限的难题。目前，我国土地资源紧缺、人地矛盾突出，依靠传统的大农业安置方式很难满足现有的安置需求。相比农村，城镇具有安置条件和就业空间。第二，便于集中配套基础设施和公共服务。城镇化集中安置，有利于集中配套水、电、路、网等基础设施和学校、医院、商业街等公共服务设施，可从根本上提高移民的生活水平。第三，城镇化集中安置有利于移民后续脱贫。从贫困群众的长远生计和发展方面考虑，推进城镇化集中安置，便于发展相关的产业，整合就业资源，有利于劳动力在城镇就近就业、创业，走上脱贫致富的道路。

3. 后续发展

各地对易地扶贫搬迁的后续发展进行了丰富的实践创新，归纳起来主要有：①乡村旅游+特色产业模式，如安徽的"小城镇乐业工程"。②就业培训+公益岗位模式，如湖北的订单式培训；陕西鼓励企业优先聘用搬迁群众就业。③资产收益+物业经济模式，如广西将土地承包经营权、宅基地使用权等折价为股份，贵州将土地权益变为营利性物业收益等（见表2-1）。

表2-1 部分省份易地扶贫搬迁的后续发展方式一览

发展模式	代表省份	具体做法
乡村旅游+特色产业	重庆	发展乡村旅游特色产业，引导金融机构通过扶贫小额贷款、贴息贷款、农村产权抵押融资等方式支持贫困户后续产业发展
	安徽	实施贫困人口就业创业和推进小城镇建设同步发展的"小城镇乐业工程"，鼓励发展休闲农业、乡村旅游、农产品加工和服务业，以提供就业岗位
	河南	推动实施"一村一品"产业基地扶贫工程和"一产一业"产业园区扶贫工程，依托旅游景区及周边安置区，大力发展乡村旅游
就业培训+公益岗位	山东	开展新型职业农户培育工程，确保搬迁户至少接受一次职业培训。在创业方面，给予创业搬迁户不低于1.2万元的创业补贴和最高10万元的创业担保贷款等
	湖北	强化工业园区订单式、定向式培训
	四川	鼓励搬迁户参与技能和创业培训，并提供培训补贴和职业技能鉴定补贴
	陕西	由政府提供的公益岗位重点向搬迁群众倾斜，鼓励企业优先聘用搬迁群众就业，加大技能培训力度，并由政府联系组织对口劳务输出
资产收益+物业经济	广西	将原土地承包经营权、宅基地使用权等直接折价转化为股权，并将安置点的营利性物业产权量化到搬迁户
	贵州	将营利性物业产权优先量化到建档立卡贫困人口，以增加其资产性收入
	甘肃	将财政资金投入项目形成的资产折股量化给贫困村和贫困户，原则上年分红比例不低于入股资金的10%

资料来源：笔者根据各地政策整理得到。

依靠小城镇建设拉动就业、产业园区建设带动就业和美丽乡村建设推动就业等方式，可确保贫困人口有业可就、实现稳定脱贫。由各地易地扶贫搬迁的情况来看，部分移民通过发展旅游、餐饮业实现了增收，部分移民依靠规模种植、养殖，实现了传统农业向现代农业的转变，还有部分移民通过接受技能培训外出务工，经济收入也显著提高。

三、易地扶贫搬迁的实施目标

易地扶贫搬迁以"搬得出、稳得住、能致富"为目标，其中"搬得出"是前提，"稳得住"是关键，"能致富"是根本。

1. 搬得出

搬得出就是要在充分尊重群众意愿的基础上，在政策顶层设计方面做好规划，加大政策支持力度，引导易地扶贫搬迁有序推进，确保群众能够从大山深处搬迁出来。受自身因素和传统观念的影响，部分贫困群众对实施易地扶贫搬迁的积极性不高。在组织动员搬迁的过程中，要从群众最关心的问题入手，了解群众所需，并提供相应的配套政策，消除他们的后顾之忧，才能提高其搬迁积极性，确保其搬得出。

2. 稳得住

稳得住有三方面的含义：一是要确保农户的土地、宅基地的权益不因搬迁而受损失。二是要做好安置区的水、电、路、房、视、网、医、校等配套设施建设，从根本上改善农户的生产生活条件，消除他们的后顾之忧。三是对于易地扶贫搬迁这项艰巨而复杂的系统工程，移民在思想上有矛盾性和反复性是正常现象，要充分照顾移民"故土难离"的情绪，引导移民有序拆除旧房、早日搬进新居，尽快适应新环境，过上新生活，并落实配套的后续发展政策，以确保搬迁群众不返迁、稳得住。

3. 能致富

能致富是前两个目标的最终落脚点，要让搬迁与脱贫同步。要通过培育发展特色产业，依托乡村振兴和特色小镇的建设，拓宽就业渠道，开展农户技能培训，实现稳定增收，最终脱贫致富。易地扶贫搬迁后，农户的生活水平必须要高于原来的生活水平，这是搬迁必须要实现的目标，即要做到安居与乐业并重、搬迁与脱贫同步。

第三节　陕南的易地扶贫搬迁

一、陕南的搬迁进度

2011 年，陕南移民搬迁工程拉开了序幕。根据《陕南地区移民搬迁安置总体规划（2011—2020 年）》统计，陕南地区共搬迁 64.4 万户、244.8 万人，其中安康市搬迁 22.6 万户、87.7 万人，汉中市搬迁 23.9 万户、85.2 万人，商洛市搬迁 17.9 万户、71.9 万人。移民搬迁安置的方式有城镇安置、移民新村安置、小村并大村安置、自主迁移安置。

根据《陕西日报》2018 年 1 月 14 日报道，截至 2017 年，陕南地区安康市累计完成搬迁 25.2 万户、90.1 万人，其中易地扶贫搬迁 14.4 万户、44.6 万人，避灾搬迁 5.18 万户、19.66 万人；搬迁累计建设集中安置点 1154 个，进城入镇安置 15 万户、54 万人，累计完成直接投资 500 多亿元，拉动投资超过 1000 亿元。

根据笔者调研了解，Z 县易地扶贫搬迁在"十三五"时期计划搬迁 2.08 万户、6.64 万人，2016 年计划搬迁 0.55 万户、2.07 万人，2017 年计划搬迁 1.03 万户、3.59 万人。不少安置社区依托产业园区建设，安置小区内为水泥楼房，供排水、供电畅通，部分小区配套门面房，满足了部分群众就近开店做生意的需求（见图 2-2）。

图 2-2　搬迁后群众的住房

资料来源：笔者拍摄。

二、陕南的政策安排

1. 搬迁对象的确认程序

精准识别建档立卡贫困户，原则上每户 3 人及以上、有 1 个及以上劳动能力搬迁到新的安置区后能稳定脱贫。所有搬迁对象进行三公开并按以下程序审批：贫困农户申请、村委会初审及公示、乡镇政府审核及公示、县级政府审批及公告、签订搬迁协议。

2. 补助标准

"十三五"时期陕南地区易地扶贫搬迁补助方式分为按户和按人两种，各县按照自己的实际情况统一安排。按人补助的方式：采取集中安置方式的，建房人均补助 2.5 万元、旧宅基地腾退复垦人均奖励性补助 1 万元、基础和公共服务设施配套人均补助 2 万元；采取分散安置方式的，建房人均补助 1.5 万元、旧宅基地腾退复垦人均奖励性补助 1 万元。按户补助的方式：集中安置按每户 15 万元标准筹措，其中建房补助每户 7 万元，基础设施配套每户 4 万元，旧宅基地腾退复垦每户 1 万元，产业扶持资金每户 3 万元；分散安置按每户 8 万元标准筹措，其中建房补助每户 4 万元，产业扶持资金每户 3 万元，旧宅基地腾退复垦每户 1 万元。建房和旧宅基地腾退复垦资金兑现到户，基础设施、产业扶持资金由县统筹安排使用。

3. 安置方式

安置方式以集中安置为主，陕南地区不低于 80%，城镇化安置率不低于 60%。集中安置主要包括县城安置、小城镇或产业园区安置、乡村旅游区安置、新型农村社区安置和中心村安置五种方式；分散安置主要包括插花安置、进城务工和投亲靠友、省内跨区安置等。

4. 安置房标准

建档立卡贫困户搬迁人均住房面积原则上不超过 25 平方米，户型面积以 60 平方米、80 平方米、100 平方米为主，最大不超过 125 平方米，"一户一宅"分散安置最大不超过 140 平方米。对于搬迁对象中的鳏寡孤独、残疾人等特困单人户和两人户，县级政府按人均 20 平方米的标准实行集中供养；有一定劳动能力的特困群众，实行"交钥匙"工程，提供最大面积不超过 60 平方米的免费住房。房价原则上控制在每平方米 1500 元以内。

5. 原住宅及旧宅基地处理

凡享受易地扶贫搬迁政策的建档立卡贫困人口，须签订旧房拆除协议，在入住搬迁新房后的一年内拆除旧房，并按规定享受拆除旧房补助 1 万元。

6. 资金来源

陕西省建档立卡贫困户人均补助 5.5 万元，中央及省财政与市县按照 4∶6 的比例分级负担，原则上建档立卡贫困户每人自筹资金不超过 0.35 万元。

7. 后续发展

搬迁只是改变贫困的第一步，挪出穷窝后，如何带领群众就业是脱贫致富的关键。为了打消搬迁群众的后顾之忧，安康市探索出了促进搬迁群众脱贫致富的"七个工程"，即转移就业工程、产业增收工程、创业致富工程、园区安置工程、光伏扶贫工程、社区工厂工程、社会保障工程，实现了安居与乐业并重、搬迁与脱贫同步的局面。

（1）转移就业工程。把避灾扶贫搬迁与劳务输出、转移就业结合起来，引导搬迁群众有组织地实施劳务输出。建立完善劳务输出就业信息平台，准确掌握劳动力市场情况，广泛搜集用工企业信息，适时组织举办企业招聘会、对接会，择优选择有实力、讲诚信、前景好的企业，引导搬迁群众转移就业。强化维权服务，依法保障搬迁群众的合法权益，促使广大群众转移就业、增加收入。例如，笔者调研的安康市 Z 县，免费培训修脚师，有 5000 多人走上就业岗位，月工资在 4000 元左右，年收入 5 万元。

（2）产业增收工程。结合全市实际，规划产业板块布局，培育市场主体，落实一村一品，大力发展特色产业，培育壮大山林经济和涉水产业，夯实群众增收基础。积极推广 B 县"山上建园区，山下建社区，农民变工人"的"仓上"模式；N 县"搬迁群众进社区，依托旅游促增收"的"皇冠"模式；Z 县"规模经营兴产业，农户就地变工人"的"双安"模式，转变生产生活方式，多渠道增加收入。

（3）创业致富工程。大力推进全民创业，充分利用各种优势，制定优惠扶持政策，引导搬迁群众自主创业。通过安置社区服务岗位和门面房经营安置一批，重点发展商贸流通、餐饮等服务行业；通过城镇经商，兴办、领办企业、专业合作组织等安置一批，重点发展特色产业；通过园区景区提供就业岗位安置一批，重点发展手工艺品、农家乐、物业物流等产业，带动广大群众兴业致富。

（4）园区安置工程。通过招商引资、兴办企业、建设各类产业园区，大力培育职业农户，引导搬迁群众就近就地就业安置。重点扶持发展劳动密集型企业和省市农业、工业园区，多渠道接纳搬迁群众。对发展劳动密集型企业、安置搬迁群众 100 人以上的企业或社会组织，市县政府予以重点扶持。通过园区、企业带动，促进搬迁群众就地就业。

（5）光伏扶贫工程。安康太阳能资源丰富并且可利用场地充足，具备实施光伏扶贫的良好基础。通过在贫困户住宅的屋顶、院落空地建设小型太阳能发电系统，利用村集体的土地、农业大棚、荒山荒坡等建设大中型电站等，将发电收益通过集体分红、投资参股等方式分给搬迁贫困户，带动贫困户脱贫致富，实现扶贫与节能减排相结合。

（6）社区工厂工程。据当地官方统计，截至 2017 年，安康市已建成规模型社区工厂 152 家，解决了部分搬迁群众的就业问题，社区工厂的发展在稳步推进中。借助扶贫协作机遇，主动承接东部产业转移，积极招商引资兴办社区工厂，争取实现"一人进厂、全家脱贫，当年进厂、当年脱贫"和"农村变社区，民房变厂房，农户变工人"的目标。安康市 P 县大力兴办社区工厂，截至 2017 年共创办社区工厂 43 家，分布全县 11 个镇、25 个集中安置社区，吸纳群众就近就业 3000 余人，在岗工人月平均工资 2000 元左右。B 县按照"搬得出、稳得住、能致富"的要求，引进社区工厂，通过一个人就业带动一家人脱贫，使搬迁户在家门口实现就业。

（7）社会保障工程。充分发挥社会保障、民政救助等职能，加强对困难搬迁群众的救助扶持。将家庭无就业、无劳动力的搬迁户，全部纳入社会保障体系，实行最低生活保障"全覆盖"。通过完善提升社区配套设施，妥善解决搬迁群众关心的上学、就医等民生问题，使搬迁群众在"搬得出"的同时能够"有保障""稳得住"。

三、陕南农户的政策需求

本部分主要依据笔者 2017 年 8 月调研时设计的调查问卷，考察尚未搬迁的 120 户农户对搬迁政策的需求，包括对搬迁补助的需求、对安置方式的需求、对就业安置政策的需求以及对搬迁配套政策的需求。

1. 农户对搬迁补助的需求

很多农户的家庭经济状况不佳，凭借自身的能力很难搬迁到城镇生活，而搬迁补助资金缓解了农户搬迁的困难，让农户具备了搬迁的必要条件。搬迁资金是否充足，是易地扶贫搬迁的关键。笔者调查了"在现行的补助政策下，您家庭的搬迁资金缺口为多少""您期望的搬迁补助是多少"，并以"您能承受的最大购房单价是多少"为补充，来验证前面两个问题。

由图 2-3 可知，搬迁资金缺口在 5 万元以下的农户占比 39.8%，5 万~10 万元的农户占比 29.6%，基本足够的农户占比 18.5%，10 万元以上的农户占比 12.1%；9.8% 的农户期望的搬迁补助为 5 万~10 万元，55.0% 的农户期望的搬迁补助为 10 万~15 万元，20.5% 的农户期望的搬迁补助为 15 万~20 万元，14.7% 的农户期望的搬迁补助在 20 万元以上。

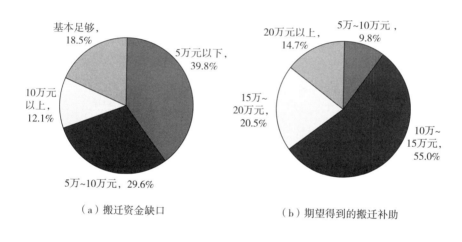

（a）搬迁资金缺口　　　　（b）期望得到的搬迁补助

图 2-3　农户对搬迁补助的需求

进一步考察发现，约占 47.0% 的农户能够承受的最大购房单价是 1200 元/平方米；约 25.0% 的农户能承受的最大购房单价是 1500 元/平方米；11.0% 的农户能承受的最大购房单价是 1000 元/平方米；有 11.0% 的农户能承受的最大购房单价是 2000 元/平方米；仅 4.0% 的农户可以负担 2500 元/平方米的购房单价；2.0% 的农户可以承受市场价格的商品房。

2. 农户对安置方式的需求

住房不仅有生活功能，还有保障和生产功能，是农户生产生活重要的物质基础。提供的住房能否让农户满意，成为易地扶贫搬迁的关键一环。笔者就"你希望的安置方式"并区分"集中安置方式""分散安置方式"进行调研，结果如表 2-2 所示。

表 2-2　农户对安置方式的需求　　　　　　　　　单位：%

安置方式	比例	安置方式	比例
县城	29.8	自己盖房	16.7
小城镇	23.7	插花安置	8.8
产业园区、旅游区	10.5	投亲靠友	4.4
中心村社区	4.4	跨省分散	1.7
集中安置	68.4	分散安置	31.6

由表 2-2 可知，希望集中安置的农户占比 68.4%，希望分散安置的农户占比 31.6%。就集中安置方式而言，选择城镇化安置的人口占比最高，其中县城和小城镇的选择比例分别为 29.8% 和 23.7%，其次是产业园区、旅游区安置，约占 10.5%，4.4% 的家庭选择中心村社区安置。在选择分散安置的农户中，自己盖房的人数最多，约占 16.7%，其次为插花安置，选择投亲靠友和跨省分散安置的人数较少。

3. 农户对就业安置的需求

笔者调查了农户搬迁后"希望的就业安置方式"以及"希望的就业安置地点"，结果如图 2-4 所示。对于搬迁后希望的就业安置方式，希望外出务工的农户占比最高（62%），其次为自主创业，占比 43%，之后依次为农业产业园就业（32%）、从事服务业（26%）、从事家庭养殖业（26%）、从事物流行业（19%）和从事工业加工业（17%）。就业安置地点方面，近七成农户希望本镇内和本县内安置，占比依次为本县内就业（38%）、本镇就业（31%）、本省就业（20%），希望外省就业的农户仅占比 11%。

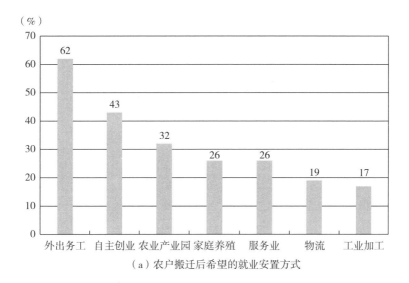

（a）农户搬迁后希望的就业安置方式

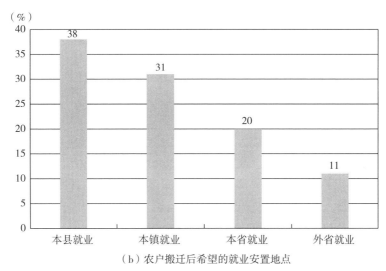

（b）农户搬迁后希望的就业安置地点

图 2-4 农户对就业安置的需求

资料来源：笔者根据调研结果绘制。

4. 农户对搬迁配套政策的需求

户籍随迁与否需求、耕地处理需求、宅基地处理需求及贷款需求如图2-5所示。

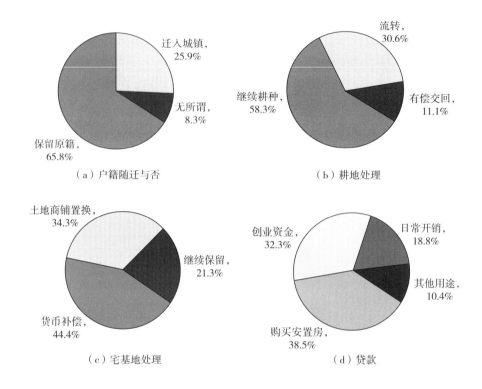

图 2-5　农户对搬迁配套政策的需求

资料来源：笔者根据调研结果绘制。

关于户籍随迁与否，65.8%的农户希望户籍能够保留原农村户籍，25.9%的农户希望户籍迁入城镇，约8.3%的农户无所谓保留原籍或迁入城镇。关于耕地的处理，58.3%的农户希望能够继续耕种，30.6%的农户希望土地流转，仅11.1%的农户选择有偿交回。对于宅基地的处理，选择货币补偿的农户占比44.4%，选择土地商铺置换的农户占比34.3%，选择继续保留宅基地的农户占比21.3%。对于贷款的需求，约38.5%的农户需要贷款购买安置房，约32.3%的农户需要贷款创业，18.8%的农户需要贷款维持日常开销，10.4%的农户需要贷款做其他用途。

综上，尚未搬迁的农户对搬迁补助、安置方式、就业和配套政策有较高的需求。具体而言：

对于搬迁补助，半数以上农户期望得到 10 万~15 万元的搬迁补助，超过 1/3 的农户期望得到 15 万元以上甚至更高的搬迁补助；在购房单价的承受能力方面，农户可承受的最大购房单价普遍偏低，不超过 1500 元/平方米。

在安置方式上，2/3 的农户期望集中安置，主要的安置地点期望在县城，小城镇，产业园区、旅游区；约 1/3 的农户期望分散安置，其中选择自己盖房的农户最多，说明农户希望提高分散安置自建房的比例。

在就业安置的选择上，希望外出务工、自主创业和产业园就业的农户比例高，并呈现多元化趋势；在就业地点的选择上，近七成农户期望在本县（镇）就业。

对于搬迁配套政策，六成以上农户希望保留原农村户籍；半数以上农户期望保留原有耕地，对土地眷恋程度高；对原宅基地则期望得到更高的货币补偿或进行商铺置换；期望得到更多的贷款，作为购买安置房、创业等方面的资金。

第四节　易地扶贫搬迁的实施问题与研究启示

一、实施问题

易地扶贫搬迁是"五个一批"中难度最大、情况最复杂的一项系统工程，无现成经验可循，只能在实践中摸着石头过河，不断探索。笔者通过实地观察、干部座谈，以及农户反馈得到的信息，对陕南易地扶贫搬迁实施中存在的问题进行了归纳总结。

1. 问题一：部分农户存在搬迁顾虑

易地扶贫搬迁讲究的是自愿，不能强迫群众搬迁，但是贫困山区的村民大多思想观念陈旧，长期维持"靠山吃山、自给自足"的生活模式，缺少长远的发展目光，排斥搬迁。同时，他们对搬迁后能否维持生计、能否适应城镇生活充满顾虑。特别是一些年龄较大的农户以及鳏寡孤独者，对故土眷恋程度高，要让他们在思想上、行动上主动参与移民搬迁工作，其难度可想而知。笔者通过调研发现，未搬迁农户的顾虑主要是："我搬了吃啥？""搬出去我们的地谁种，靠啥生活？""我在山里待了一辈子，除了种地啥都不会，搬走了我能干啥？""搬进城镇，我连钱都不知道怎么从卡里取出来！""我祖祖辈辈都生活在这，不能到我这里挪了根儿。"

2. 问题二：安置区公共服务配套不足

就笔者调研的社区情况来看，基础设施的配套尚可，水、电、路、视、网基本配套良好，但是教育、医疗、购物等公共服务设施的配套却不足。根据规定，500人以上的大型安置社区才会配套完善的教育、医疗、购物、文化等公共服务设施，这就使人数不足500户的小型安置社区群众在子女上学、看病就医等方面存在困难。笔者调研发现，不少群众搬迁的初衷就是方便子女上学、老人就医，自己就近找份稳定的工作照顾家庭，可是县城的房价太贵，只能搬来小城镇。如果小城镇的公共服务配套设施不完备，那么很有可能导致二次搬迁，甚至返迁，违背了搬迁的初衷。

3. 问题三：安置方式和农户的期望不匹配

不少山区群众反映，他们希望能够自己盖房分散安置，但是分散安置有比例限制，不能满足所有群众自己盖房的需求。也有部分群众希望直接搬迁到县城居住，因为县城的教育条件更好、就医更方便、交通更便利、就业机会更多，但是县城承载力有限，且房价相对较高，不可能满足所有群众安置的愿望，这也是制约搬迁的重要因素。

4. 问题四：产业基础薄弱，就近发展困难大

易地扶贫搬迁的目标是"搬得出、稳得住、能致富"。对于已经搬迁的移民来说，能否稳得住和能致富不仅仅对他们个人的脱贫十分关键，更重要的是会对还没有搬迁的群众产生示范作用。如果他们搬迁后生活得好，并且很快脱贫致富，会对还没有搬迁的农户起到良好的示范作用，鼓励他

们搬迁。但是笔者调研发现，陕南的产业基础薄弱，产业龙头企业不多，能够提供的本地就业岗位十分有限。虽然政府大力推进产业发展，但要在短期内提供充足的就近就业的岗位比较困难，这也就是陕南地区以技能培训后的劳务输出为主要就业方式的原因。陕南地区应当结合乡村振兴、城镇化发展同步推进易地扶贫搬迁，尽快振兴本地企业，提供更多的本地就业岗位。

二、研究启示

对易地扶贫搬迁的定义、实施目标、主要内容、实施中存在的问题等方面进行整理归纳，可以得到下面的研究启示：

（1）可以从农户的角度进行研究。易地扶贫搬迁是脱贫攻坚工作的重中之重，惯常的研究方法是从政府入手，分析政策的制定、执行、实施效果等问题。作为政策的受体，贫困地区的农户是否愿意参与搬迁、对于搬迁政策还有哪些方面的需求，从政府的角度是难以回答的。政策制定不管有多好，如果响应者寥寥，本应群众参与的易地扶贫搬迁就会变成政府单方面的"下达任务"，是很难达到理想的实施效果的。因此，从农户角度对易地扶贫搬迁进行研究应当受到重视。

（2）尚未搬迁农户的搬迁意愿与顾虑研究。在易地扶贫搬迁的三大目标中，"搬得出"是其他两个目标的前提，如果连搬得出都做不到，那么后面两个目标也就无从谈起了。没有搬迁的群众，是不愿意搬迁还是有其他的原因？部分农户对搬迁的顾虑到底有哪些？农户决定搬迁和不搬迁究竟出于什么考虑？尚未搬迁农户的政策需求到底是什么？在"坚持群众自愿"与"应搬尽搬"的要求下，既要尊重群众自身意愿，不搞强迫搬迁，又要尽可能让在不适宜地区居住的群众搬迁出来，就必须对这些问题做出回答。

（3）政策对搬迁作用的影响值得研究。易地扶贫搬迁是一个政策性极强的工程，政策对搬迁的影响很大。不同的搬迁类型，政策的侧重点也不同：以避灾和适应气候变化为背景的计划搬迁的政策侧重点是减小灾害带来的损失和适应环境气候变化，工程非自愿移民的政策侧重点是补偿，易地扶贫搬迁的政策则既需要让农户搬得出，又需要让农户脱贫致富，较具复杂性。因此，政策对易地扶贫搬迁农户的影响值得深入研究。

第五节　本章小结

本章主要分析了易地扶贫搬迁的现状与问题，包括易地扶贫搬迁的学科属性、内涵与外延以及陕南地区易地扶贫搬迁的进展和存在的问题。本章的创新点是从移民学科角度对易地扶贫搬迁进行了划分，基于实际调研指出陕南易地扶贫搬迁农户的政策需求以及易地扶贫搬迁中存在的问题，并提出从农户的角度展开研究。本章的主要结论如下：

（1）易地扶贫搬迁的关键词是搬迁谁与谁来搬、坚持群众自愿原则、两阶段与三目标这三个问题。搬迁的对象是"一方水土养不起一方人"地区的贫困人口，实施主体是政府；搬迁的目的是让贫困群众稳定脱贫；易地扶贫搬迁需要充分尊重群众的意愿，不搞强迫搬迁；易地扶贫搬迁分为搬迁阶段和后续脱贫发展阶段，搬迁的目标是"搬得出、稳得住、能致富"。

（2）易地扶贫搬迁政策的发展可划分为开发式扶贫移民试点阶段、稳步推进自愿移民搬迁阶段、精准扶贫的重要制度举措这三个阶段。

（3）易地扶贫搬迁涉及搬迁对象确定、安置方式和后续发展三个方面的内容。搬迁的对象涉及全国22个省份1400个县（市、区），981万建档立卡贫困人口，以及647万同步搬迁人口，主要集中在中西部地区。安置的方式是集中安置和分散安置相结合，以集中安置为主。后续发展方式多样，主要包括乡村旅游+特色产业模式、就业培训+公益岗位模式、资产收益+物业经济模式。

（4）农户对搬迁补助的需求多为10万~15万元，2/3的农户期望在县城、小城镇集中安置，1/3 的农户期望自己盖房分散安置。在就业方面，农户期望本地化就业，对自主创业、外出务工和农业产业园就业的需求最为旺盛，建议政府有关部门根据不同人群的安置需求，提供差异化、精准化的政策帮助。

（5）陕南易地扶贫搬迁的实施问题主要是部分农户存在搬迁顾虑、安置区公共服务配套不足、安置方式和农户的期望不匹配以及产业基础薄弱，就近发展困难大。据此，笔者提出要从农户决策的角度进行易地扶贫搬迁研究。

第三章 农户搬迁决策理论模型

中国特色的易地扶贫搬迁是解决贫困问题的重大创举，在坚持移民自愿的前提下，鼓励贫困人口由被动搬迁转变为主动搬迁，依靠自身努力脱贫发展。然而，易地扶贫搬迁理论的研究还需加强与实践的结合。目前的研究要么从政府的角度出发，研究政府应该如何制定政策，忽略了作为搬迁主体的农户，要么运用回归等方法探讨家庭属性特征与搬迁的相关性，忽略了农户在搬迁中的决策过程。此外，现有文献大多研究移民的安置、权益等问题，并且从政府政策制定的角度进行研究。而从农户角度进行研究有助于建立以人为中心的政策导向，激发移民参与的热情（Kloos & Baumert，2015；Baumert & Kloos，2017）。因此，本章将以农户为研究视角，在分析农户决策心理活动和决策特点的基础上，尝试提出一个全新的农户搬迁决策"W-A-P"理论模型，并指出这个模型的适用范围。

第一节 农户搬迁决策的研究框架

一、宏观研究框架

早期宏观的人口迁移研究一直在尝试预测人口的流向、流量和分布，比如推拉理论将人口迁移的现象视为推力和拉力综合作用的结果。推力、拉力大致可以分为自然环境类、经济类、社会文化类和政治类。环境推力因素诱发人口外迁观点的支持者认为环境的变化会诱发大量的人口迁移，但部分学者提出了不同的看法，认为只有极端的自然灾害如洪水、火山喷发、病虫害、瘟疫等会诱发人口的迁移，缓慢的气候变化如海平面上升、气候变暖不会带来明显的人口迁移。经济拉动人口迁移论的支持者认为，经济发展水平高的地区，人口迁入率也较高。但是也有学者进行了反驳，提出人口从经济发达国家迁移到不发达国家的例子。由此来看，宏观研究是不考虑人口决策的迁移研究，不能很好地解释人口"为什么迁移"。此外，环境因素、经济因素等外部诱因为什么让一部分人迁移而没有让另一部分人迁移呢？宏观研究也无法给出答案。

易地扶贫搬迁中没有搬迁的情况是行为的外在表现，从问题本质上来看，是农户自我选择、决策的结果，农户没有搬迁，其原因各不相同。为此，政府部门需要了解农户的需求，从他们的利益诉求出发，分析哪些政策更有利于移民搬迁，农户在哪些方面存在顾虑。只有从农户的角度分析没有搬迁的原因、搬迁遇到的困难和存在的问题，准确把握农户对易地扶贫搬迁政策的需求，精准施策，才能实现"搬得出、稳得住、能致富"的目标，这也是从农户的视角研究易地扶贫搬迁的主要目的。

二、微观研究框架

微观研究弥补了宏观研究的不足，即从人类决策的角度来解释人口迁移现象。人口迁移决策研究认为，外部因素仅仅引发了迁移的动机，迁移行为本身是人口自身决策的结果。因此，微观研究从人口自身的决策出发，分析在不同的外部因素的影响下，人口是怎样进行迁移决策的。例如，宏观人口迁移研究认为，环境因素是引发人口迁移的重要因素。但是从微观决策的角度出发，居住在同一村庄的村民面对同样不宜居住的环境，有些人会选择迁移，离开原居住地选择宜居宜业的地方定居，而有些人则选择继续留在原居住地居住。同样，经济因素是吸引人口迁移的因素，居住在经济不发达地区的人口有些会选择迁移到经济发展较好的地区居住，有些则会继续留在经济不发达的地区。

从图 3-1 中可以看出，搬迁决策是农户结合家庭自身的情况对搬迁是否符合家庭利益、能否获得亲友的支持、家庭能否负担起搬迁费用、能够达到搬迁目的的可能性有多大等内容进行主观判断的结果。农户搬迁决策的主要研究内容包括以下几个方面：

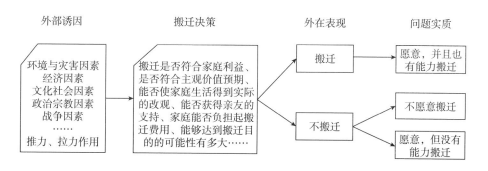

图 3-1 农户搬迁决策的研究框架

资料来源：笔者绘制。

（1）搬迁的外部诱因。移民的原因是多方面的，而且往往不是单一的原因导致的移民。整体来看，搬迁的外部诱因主要有环境与自然灾害因素、经济因素、文化社会因素、政治宗教因素、战争因素等，据此可将移民细分为灾害移民、环境移民、生态移民、经济移民、教育移民、战争冲突移民、工程移民。如果对农户搬迁决策进行研究，可以判断出影响农户搬迁决策的外部因素是什么。

（2）人们是如何做出搬迁决策的。政策的主体是政府，主要是对搬迁政策进行顶层设计、安排政策实施过程以及根据实施情况不断调整政策。与政府不同，移民是政策的受体，移民的决策是在现有的政策条件下决定是否要搬迁。研究的重点是移民的决策过程，关注人们为什么会搬迁或者不搬迁。移民的决策是自身根据实际情况进行的是否搬迁的决策，结果是搬迁或者不搬迁，那么找出搬迁或不搬迁的原因也是农户搬迁决策的研究内容。

（3）搬迁决策的外在表现及原因。搬迁与不搬迁是搬迁决策的外在表现，宏观的研究正是通过观察外在表现（搬迁人口的数量、流向等），并对可能的外在影响因素进行相关性分析，判断在某（几）种外部诱因的作用下，外部因素是否能直接带来搬迁人数的变化。易地扶贫搬迁农户搬迁决策研究从农户的角度出发，研究农户在外部环境和搬迁政策的共同影响下是如何进行搬迁决策的，不仅关注已经搬迁的人口，还关注没有搬迁的人口。

（4）搬迁决策的实质。人口迁移决策研究在外部诱因和外在表现之间加入移民的决策，从而分析迁移原因和本质。易地扶贫搬迁农户搬迁决策研究通过分析没有搬迁的人口的搬迁意愿和搬迁能力，把握搬迁决策行为规律，从而揭示搬迁与不搬迁的本质原因。

第二节　农户搬迁决策特点

一、农户搬迁决策的一般特点

1. 依靠直觉和经验决策

大多数农户不会按照理性决策的理论进行严格的风险收益分析，而是依照主观直觉、经验进行决策。Kahneman 和 Tversky 研究发现，人们做决策时常常遵循"拇指规则"（Rules of Thumbs）。拇指规则本意是指木匠不用尺子，而直接用拇指来测量木材的长度，比喻人们在做决策时，常常依靠经验和知觉做判断，因而又称为"经验法则"。依靠直觉做出判断在日常生活中很常见，依赖经验系统，有时会得到和理性决策完全不同的结果。直觉决策包括三个部分：一是作为决策主体的决策者；二是决策者决策时的环境和情境；三是决策后采取的行动。

　　农户在决策的过程中，更倾向于相信自己多年来的经验，相信长者、熟悉的人和村庄里有话语权的人，也很少能够根据不同的情况比较不同方案的预期效用等，主要是依据经验、直觉和主观判断进行决策。这一特点就决定了在研究农户易地扶贫搬迁决策的时候，不能按照理性决策主观效用最大化的假设研究农户是否搬迁，或用数学运算的结果来判断他们是否会搬迁，而应该按照描述性研究的范式，分析农户在易地扶贫搬迁过程中究竟是如何做出决策的，进而分析什么情况下搬迁或不搬迁。

　　2. 理性与非理性并存

　　（1）农户决策的理性表现。农户的心里有一个"账本"，他们会根据自身的喜好和价值权衡利弊后决定搬不搬迁，如果他们认为搬迁"划得来"，那么会搬迁，如果认为搬迁"划不来"，则不会搬迁。例如，家庭成员搬迁后可以在城镇找到收入高于现有收入的工作，那么他们会从经济效益的角度选择搬迁；又如，家庭成员中有子女上学或者结婚，需要在城镇买房，那么即使搬迁补助少一些，他们也愿意搬迁；再如，如果家庭成员认为搬迁后政府提供的补助不足以弥补宅基地复垦腾退的价值，他们会认为搬迁"划不来"，则不愿搬迁。这就是农户在心里的"经济账"，从这个角度来说，农户是有自身价值判断的"理性经济人"。

　　（2）农户决策的非理性表现。但是，决定搬不搬迁又不是完全按照"经济账"衡量的，农户搬迁决策又有"有限理性"的表现。例如，农户进行搬迁决策时比较容易受到主要社会网络关系的影响，如果其主要社会网络关系成员或者同一个村庄里的人大部分都不搬迁，农户容易受到"压力"而不搬迁；又如，对于贫困山区的农户来说，面对山区交通不便、灾害多发、房屋破旧、极度贫困等多种压力，搬迁出去是明智的选择，但是农户自身对未知世界充满恐惧，担心搬迁出去后的情况反而不如现在，而选择不搬迁，也是非理性的表现。

　　3. 风险规避倾向

　　在实际生活中，不同的人对待风险的态度是不同的，有的人敢于冒险，有的人则偏于保守。面对搬迁后未知的收益，农户决策的态度大致可以分为以下三种：①有冒险精神的决策。在不确定的决策环境下，部分农户愿意为了追求更大的效用而冒险。②风险规避型决策。面对未知的决策收益，部分农户采取悲观的策略，他们往往是政策的不响应者、拒绝者。③风险中立型决策。部分农户对收益没有明显的偏好，他们往往会根据周围人的决策随时调整自己的决策。

当风险和收益并存时，人们通常倾向于将风险降到最低（Biondo 等，2013）。就搬迁来说，搬迁出去后会有更好的居住条件、更多的就业机会、更完善的公共服务，但同时也要面对城镇高昂的生活成本、巨大的搬迁成本。部分农户认为搬迁面临一定的损失，或难以适应城镇的生活环境，或无法继续种地而使收入不稳定，或对未知生活产生恐惧等，因此往往对政府的搬迁动员政策持怀疑态度。

二、农户搬迁决策的特点

农户要离开他们熟悉的地方，远离原有的社会环境、社会网络关系，其内心的感受是错综复杂的，如抗拒心理、收入动机、风险厌恶、攀比心理、阶段性和反复性。

（1）抗拒心理。产生抗拒心理的原因是多方面的，比如在政策方面是否安排合理，是否考虑到了农户搬迁后的生产生活便利性等。农户的抗拒心理会随着社会关系网络产生相互影响，少数的负面情绪，如果得不到及时的引导、疏导，可能带动更多人的负面情绪，需要政策制定者格外重视。

（2）收入动机。农户有追求富裕生活的动机，具有强烈的脱贫愿望，特别是看到一部分先搬迁出去的农户生活条件大大改善、子女上学便利、经济收入不断提高后，会更加愿意搬迁。

（3）风险厌恶。虽然农户有追求更高收入的动机，但是结合自身的条件，又害怕承担未来不确定的风险，因此，部分农户对搬迁仍持有谨慎态度。

（4）攀比心理。农户与农户之间、村与村之间、地区与地区之间会进行横向的攀比。如在执行补助标准时，"十二五"时期和"十三五"时期的政策安排有一定的差异，已经列为"十二五"时期搬迁对象的农户会感到自己先期搬迁拿到的补助款少。这种比较有时会带来差距感，导致不情愿搬迁的心理。

（5）阶段性和反复性。农户的心理活动随着搬迁工程的推进会产生阶段性的变化，在政策宣传阶段、动员阶段、签订搬迁协议前后、进入安置区居住之后，农户不同阶段的心理感受可能会相差很大，甚至影响搬迁工作的正常推进。例如，有些农户在政策动员阶段愿意离开原居住地，改善居住条件，可是在签订旧房腾退协议时，又认为自己的房屋"很有价值"而临时改变决策，拒绝搬迁，这样阶段性的心理变化给搬迁工作带来很大压力。

第三节 农户搬迁决策要素与"W-A-P"模型

农户搬迁首先要有搬迁意愿。搬迁意愿（Willingness），是指愿意搬迁的程度高低，农户想搬迁的愿望十分强烈，则搬迁意愿高，不渴望搬迁或者根本不愿意搬迁，则搬迁意愿低。具有搬迁意愿的农户需要对自己的搬迁能力进行评估。搬迁能力（Ability），是指能够克服搬迁阻力（障碍）实现搬迁的能力大小，如是否可以承担搬迁成本、搬迁后是否能够在迁入地谋生等都属于搬迁能力。如果农户可以实现家庭搬迁，则具有搬迁能力；如果农户不能克服搬迁阻力，则搬迁能力低或不具有搬迁能力。政策（Policy），是指在政府主导下的搬迁中，政府部门提出的促进和鼓励农户搬迁的政策，如搬迁补助、基础设施配套政策、就业技能培训、社会保障等。综合考虑三大要素，笔者提出农户搬迁决策的"W-A-P"模型，如图

3-2 所示。

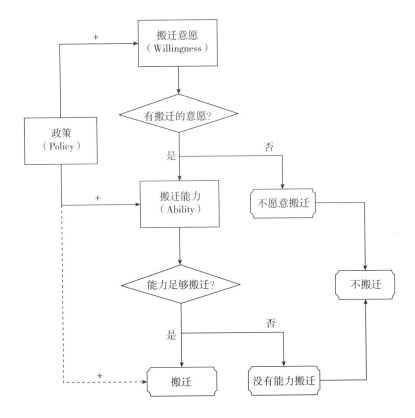

图 3-2　农户搬迁决策"W-A-P"模型

（1）搬迁意愿和搬迁能力是必备因素，同时具有搬迁意愿且有搬迁能力的农户会决定搬迁。搬迁意愿是搬迁的心理活动，如果连搬迁的意愿都没有，即使家庭有搬迁的能力，也不会搬迁；搬迁能力是搬迁的客观条件，是搬迁行为能够发生的必要条件，有搬迁意愿的家庭如果没有搬迁能力，搬迁只能是"空想"，无法真正实现。在易地扶贫搬迁实施以前，山区农户凭借自身能力几乎很难实现搬迁，这就是搬迁能力的缺乏。因此，搬迁意愿、搬迁能力这两个要素是搬迁的必备条件，缺一不可。

（2）政策是调节因素。政策不是搬迁决策的必备要素，但在政府主导下的搬迁活动中是搬迁的重要调节因素。首先，政策调节农户的搬迁意愿，如给予农户一定的奖励金，或者在迁入地创造良好的居住环境，会提高农户的搬迁意愿。其次，政策调节农户的搬迁能力，如对农户进行技能培训，提高其在城镇谋生的能力。最后，政策作为调节因素可直接干预农户搬迁。例如，针对五保户、丧失劳动力等不具备搬迁能力的"交钥匙"工程对象，为其在安置地直接提供住房并集中供养，作为搬迁决策的特殊情况处理。搬迁意愿和搬迁能力是影响农户搬迁的两个关键要素，而易地扶贫搬迁的政策安排作为外部因素，会同时影响搬迁意愿和搬迁能力。易地扶贫搬迁的政策安排和农户的需求越匹配，农户对政策的满意度越高，搬迁意愿越高。此外，通过政策安排提高农户在城镇购买住房的能力、适应新环境的能力等，能够提高农户搬迁的意愿和能力。

（3）搬迁意愿和搬迁能力在实际决策中无先后之分。图 3-2 所示好像是先有搬迁意愿，然后才有搬迁能力，但在实际决策时，农户的思考方式是复杂而连贯的，他们同时考虑自己的居住感受及家庭的实际搬迁能力，这两个要素并不是完全割裂开的。因此，搬迁意愿和搬迁能力是搬迁的必备因素，且不分先后。

第四节　"W-A-P"模型应用

一、可利用"W-A-P"模型判断搬迁的必要性

政策设计应融合自上而下和自下而上两种模式，所以在设计易地扶贫搬迁政策时，政府部门应在通过科学测算环境容量、地质灾害洪涝灾害等发生的强度和频率、人均 GDP、修建基础设施的成本做出搬迁政策规划的同时，结合搬迁地农户的反馈对政策进行修正。

二、可利用"W-A-P"模型确定农户的搬迁意愿和搬迁能力，以进行实际的搬迁动员

图3-3根据搬迁意愿和搬迁能力将未搬迁农户划分为四种类型，分别归入四个象限，第一象限是高意愿、高能力，第二象限是低意愿、高能力，第三象限是低意愿、低能力，第四象限是高意愿、低能力。以下对这四种情况分别进行讨论。

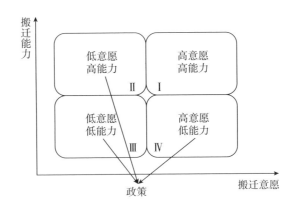

图3-3 搬迁意愿和搬迁能力四象限

资料来源：笔者绘制。

第一类是高意愿、高能力的家庭，这类家庭在贫困山区中占据少数，他们是在政策还没有实施时就已经搬迁的农户，属于不需要政策帮助可自行搬迁的家庭，不在讨论的范围。

第二类是低意愿、高能力的家庭，这类家庭具有一定的经济基础，不属于建档立卡贫困家庭，属于同步搬迁家庭。出于某些原因，这类家庭中的部分家庭搬迁的意愿不高，政府应当对他们进行适当的激励。

第三类是低意愿、低能力的家庭，这类家庭本身的搬迁积极性不高，同时也不具有搬迁能力，政府不但要想方设法提高他们搬迁的意愿，同时

还要提高他们搬迁的能力。

第四类是高意愿、低能力的家庭，这类家庭本身具有较高的搬迁意愿，但受限于自身的能力无法搬迁。这类家庭是政府重点帮助的家庭，政策主要应关注提高家庭的搬迁能力，从而实现"应搬尽搬"。

第五节　本章小结

本章是后文第四、第五、第六章的理论框架，主要构建了农户易地扶贫搬迁决策的理论框架，具体包括农户搬迁决策的研究框架、农户搬迁决策特点、"W-A-P"理论模型以及模型的应用范围。本章的主要创新点是提出了"W-A-P"理论模型，并且指出了该理论模型在易地扶贫搬迁中的应用。本章的主要结论如下：

（1）从农户搬迁决策的视角研究易地扶贫搬迁的主要目的：分析农户没有搬迁的原因、精准把握农户对易地扶贫搬迁政策的需求、弥补宏观研究的不足。农户搬迁决策的主要研究内容是分析搬迁的外部诱因、人们是如何做出迁移决策的、搬迁决策的外在表现及原因、搬迁决策的实质。

（2）农户搬迁决策具有抗拒心理、收入动机、风险厌恶、攀比心理及阶段性和反复性等特征，是一种复杂的心理活动，不适合用理性决策理论进行研究，而应使用描述性研究范式进行研究。

（3）"W-A-P"理论模型指出农户搬迁决策的影响要素是搬迁意愿、搬迁能力和政策。其中，政策可分别对搬迁意愿和搬迁能力产生影响，也可以影响搬迁决策。

（4）农户搬迁决策"W-A-P"理论、模型可以应用在判断搬迁的必要性、实际的搬迁动员方面。根据搬迁意愿和搬迁能力四象限图，可把未搬迁农户分为高意愿高能力、高意愿低能力、低意愿高能力和低意愿低能力四大类，应针对不同类型的农户精准施策。

第四章 农户的搬迁意愿分析

第三章提出了农户搬迁决策"W-A-P"模型，本章将分析该模型的第一个决策要素——搬迁意愿。计划行为理论指出，行为意图极大地影响着行为的发生。如果搬迁意愿非常强烈，则搬迁很容易实现；如果搬迁意愿很低，或是完全没有搬迁的意愿，则搬迁较难实现。搬迁意愿主要受到哪些因素的影响，这是本章要回答的问题。

第一节 影响农户搬迁意愿的因素

搬迁意愿的形成是一个非常复杂的过程，个体的决策并不总是按照"完全理性"的方式遵循效用最大化做出的，而是可能受到个体所处的环境，个体的情绪、态度以及风险偏好程度的影响，所以其做出的决策经常有偏差或者存在违反理性的情况。农户受限于自身掌握的信息以及认知水平，做出搬迁或者不搬迁的行为并没有经过仔细的考虑，是相对随机的决策，或者是直觉决策，较易受政策或者社会网络关系的影响，有时甚至是盲目的。搬迁意愿（意图）的形成应该是最终做出搬迁决策的第一步，如果连搬迁意愿都没有，后面的搬迁行为也就不可能产生。

根据地方效用理论，环境因素是农户搬迁决策的主要外部影响因素，迁移是个体在感知"外部压力"后做出的反应，当外部环境压力超过压力阈值时，人们会采取迁移策略，在对各个目的地的"地方效用"进行比较之后，选择最终的目的地。个体具有趋利避害的属性特征，在对原居住地"压力"的感知和对目的地"效用"的感知的共同作用下，迁移决策就启动了。

一般情况下，搬迁意愿的产生是由于个体感受到了原居住地的环境压力，并且这个压力超过了自身所能忍受的范围。农村地区常见的环境压力既包括生态环境恶化、水土流失、自然灾害频发、耕地面积紧张、水和食物紧缺等自然环境因素，也包括经济发展落后、人口密度过高过低、基础设施薄弱、学校医院等公共服务配套设施落后、邻里关系不融洽等人居环境因素。

对于居住环境压力，不同的主体有不同的感知方式。政府部门一般采用科学的技术手段，对某地区的灾害发生频率、灾害的危险性等进行评估，从而分析出该地区的危害程度。而就居住在山区的农户而言，他们更多的是依据个人的主观经验对灾害的风险进行估计，也就是对风险的感知。

我国的集中连片特困地区，交通不便，人口居住相对分散，部分山区长期受自然灾害影响，经济来源极其有限。易地扶贫搬迁安置区的地理位置优越，基础设施和公共服务建设相对完善，本地产业的发展能够提供较多的岗位，对长期生活在贫困山区的居民具有很大的吸引力。因此，通过搬迁来改善居住条件是当地居民一直以来的期盼。

根据地方效用理论，搬迁意愿受到居住地环境因素的影响，搬迁地环境的压力越大，个体越倾向于搬迁；根据计划行为理论，家庭的搬迁态度、主观规范、知觉行为控制对搬迁的意愿（意图）有影响；根据期望理论，家庭对未来的预期价值越高，搬迁的意愿越强烈（施国庆，2015）。

一、环境因素

《中国农村扶贫开发纲要（2011—2020 年）》明确指出了我国的集中连片特困地区包括秦巴山区在内的 11 个山区和西藏、四省藏区、新疆南疆三地州。在这 14 个集中连片特困地区中，11 个是山区；在全国综合排名最低的 600 个县中，有 521 个在集中连片特困地区内，占比 86.8%。

就易地扶贫搬迁对象而言，他们的原居住地为集中连片特困山区。通常认为，海拔高于 2500 米的区域或者海拔为 300~2500 米且具有一定坡度的区域是山区。与平原和大城市相比，山区经济基础薄弱，贫困人口众多，居民承灾能力差、抗灾能力弱、灾害脆弱性高，很多聚落分布于自然灾害风险区和隐患点上。

山区环境，包括自然条件、经济潜力、经济基础和社会条件等多个方面，具有山地特有属性（Mountain Specificities），包括交通不可及性（Inaccessibility）、脆弱性（Fragility）、边缘化（Marginality）、差异性（Diversity）和小生态环境（Niche）。据此推断，相比于平原地区的农村，山区农村农户的搬迁意愿应该更高。

根据地方效用理论，外部环境因素会对居民产生推力，居住地环境因素会对搬迁意愿产生影响。由于山区的居住环境相比平原地区差，交通不便、基础设施修建成本高、自然灾害多发，所以山区农村人口的搬迁意愿比平原地区农村人口的搬迁意愿更高。具体而言，山区居住地环境主要包括地理位置、基础设施和公共服务、自然灾害、生态环境、发展机会和住房条件六个方面。

（1）地理位置。山区受山地特征的影响交通不发达，久而久之，形成与外界交流较少的状态，所以通达性依然是山区发展的瓶颈。

（2）基础设施和公共服务。受地理环境的影响，山区教育、信息发展的基础相比平原地区更为薄弱，基础设施和公共服务需要进一步完善。

（3）自然灾害。广义的灾害分为自然灾害与人为（技术）灾害。自然灾害包括地质灾害（地震、火山喷发）、水文灾害（洪水）、气候灾害（极端温度、干旱）、气象灾害（气旋和风暴/波冲击）以及生物灾害（流行病和昆虫/动物瘟疫）。山区的地质环境较特殊，自然灾害的发生率较高。高强度的降水极易诱发山洪、泥石流等灾害，给人们的生命和财产安全带来极为不利的影响。

（4）生态环境。世界各国面临着严峻的生态与环境问题：森林面积日趋减小；水土流失严重，沙漠面积逐渐增大；全球气候变暖，海平面上升；水资源、粮食危机；大气和海洋污染；生物多样性减少等。就我国而言，尤其是西北地区多山地、少平原，植被覆盖率低，水土流失严重，土壤沙化和荒漠化现象严重，生态环境极为脆弱。山区与平原地区相比，不适宜发展大规模机械化农业，容易对生态环境造成破坏。

（5）发展机会。由于交通不便、基础设施建设不完善，经济发展基础薄弱，以农业为主的居民基本上是靠天吃饭，在本地除了务农外，本地没有其他的就业机会，大部分都外出务工，本地的经济发展水平有待提高。

（6）住房条件。山区居民由于收入不高，再加上资源条件受限，几乎都住在老旧危房中。

二、心理因素

计划行为理论被心理学界认为是 20 世纪 90 年代重要的理论之一。计划行为理论的五要素分别为行为意向（Behavior Intention）、行为（Behavior）、态度（Attitude）、主观规范（Subjective Norm，SN）、知觉行为控制（Perceived Behavior Control，PBC）。意愿是指人们愿意做某件事的程度，对于人口迁移而言，就是家庭愿意迁移的程度，不同的家庭搬迁意愿的高低不同，有的家庭的搬迁意愿非常高，而有的家庭的搬迁意愿不强烈。行为是个人实际采取的行动，对于人口迁移而言，即是否真正实施了迁移行为。计划行为理论对于人口迁移行为的贡献是，将意愿和行为分开，即指出搬迁意愿在很大程度上影响搬迁行为，两者是决策中相互关联但并不相同的两个要素。如图 4-1 所示，搬迁的意愿受搬迁态度、主观规范和知觉行为控制的影响。

（1）搬迁态度（ATT）。家庭成员如果比较支持搬迁，那么会形成促进搬迁的氛围；反之，如果家庭成员都反对搬迁，那么会形成阻碍搬迁的氛围。

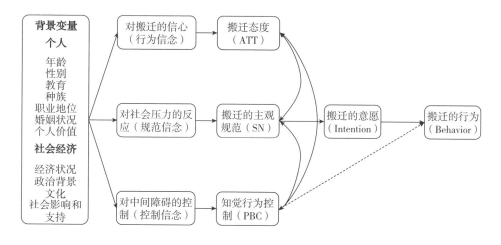

图 4-1 计划行为理论与搬迁意愿

资料来源：Willekens F，"The Decision to Emigrate：A Simulation Model Based on the Theory of Planned Behaviour"，in Grow A and van Bavel J，eds. *Agent-Based Modelling in Population Studies*，Switzerland：Springer International Publishing，2017，pp. 257-299.

（2）主观规范（SN）。如果亲朋好友或同村的村民都愿意迁移，那么会形成有利于搬迁的氛围；反之，如果亲朋好友或同村的村民都没有搬迁，或者都对搬迁持较为抵触的态度，那么会形成不利于搬迁的氛围。

（3）知觉行为控制（PBC）。知觉行为控制是由 Ajzen 提出的，是指个体认为自身在多大程度上有把握完成这个行为，即自己对自己能力的评估。具体到人口迁移行为上，主要是指个体在多大程度上可以获得迁移的资源、多大程度上可以离开故土生活、多大程度上可以适应城镇生活等。

三、预期因素

根据期望理论，人们对未来预期的收益越大，并且达到目标所能获得的效用感越强，则做这件事情的动力越足。De Jong 和 Fawcett（1981）提出了七大潜在的价值或者目标，包括财富、地位、舒适、娱乐、自治、情感依托和道德。具体到搬迁行为上，就是人们希望自己搬迁后的生活要好于现在的生活，至少不会下降。如果搬迁后获得的收入要明显高于搬迁前，那么农户更加愿意搬迁。

（1）预期职业的变化：对搬迁之后的职业变化的预期。以前从事农业的农户，在搬迁后从事第二、第三产业，会获得主观地位的提升。

（2）预期收入的变化：对搬迁之后的收入变化的预期。农户在搬迁之后，可在政府提供的就业岗位上工作，或者外出务工等，收入有明显的提高。

四、政策因素

（1）搬迁补贴。按照差异化补助政策对搬迁农户进行补贴，可提高农户的搬迁意愿。

（2）就业安置。搬迁农户脱贫发展方式包含发展特色农林业脱贫一批，发展劳务经济脱贫一批，发展现代服务业脱贫一批，资产收益扶贫脱贫一批，社会保障兜底脱贫一批。各地政府要因地制宜、千方百计制定各种扶持办法，努力做到搬得出、稳得住、有事做、能致富。这样使原本以务农为生的人口有了增收渠道，未来的生计来源有了保障，搬迁意愿自然就高。

（3）基础设施与公共服务建设。《规划》指出，需要在安置区配套建设水、电、路、视、网等基础设施，超市、集贸市场等公共服务设施，并配套学校、幼儿园及其他村级服务设施。良好的基础设施和公共服务对农户搬迁具有一定的吸引力。

（4）原宅基地处理。陕南地区特别是笔者调研的 Z 县属于山区，农户的宅基地面积不大，区位优势不明显，复垦难度非常大，农户认为其价值不高，所以他们普遍对宅基地的政策异议不大。平原地区农户的宅基地面积较大，农户普遍认为自己宅基地的价值要高于补偿价值，宅基地复垦政策对该地区农户搬迁意愿的影响较为显著。

（5）社会保障。搬迁之后户口是否迁留自由，之前享受的低保等待遇会不会因为户籍地的改变而改变，待遇会不会降低等，都是农户担忧的问题。

五、家庭因素

（1）家庭人口结构。家庭人口数量、家庭成员的平均年龄、家庭非农劳动力比例、家庭成员受教育水平等人口结构特征，都会影响搬迁意愿。直观来看，老年人和年轻人的想法有差异，有进城务工经历的人和没有进城务工经历的人的搬迁意愿不同。从事非农业工作的家庭的搬迁意愿较高；人口数量较多，并有子女结婚、上学或者外出务工需求的家庭的搬迁意愿也较高。

（2）家庭经济情况。有些研究表明，家庭收入的高低会影响搬迁的意愿，但学界对此观点存在争议。因此，本书先将其作为可能的影响因素，然后进行过验证。

（3）生命周期事件。从事非农业工作、有子女结婚或者上学需求的家庭的搬迁意愿更强烈。很多山区的年轻人为能有更好的发展选择到城镇务工并希望在此结婚定居，其家庭的搬迁意愿较强；为了让子女接受更好的教育，所以有子女上学需求的家庭的搬迁意愿也较强。

图4-2展示了搬迁意愿的影响因素。环境因素、政策因素是影响搬迁意愿的外部因素。其中，环境因素不但是影响搬迁意愿的因素，还是影响决策启动的外部感知因素。心理因素、预期因素和家庭因素是影响搬迁意愿的内部因素。心理因素包括搬迁态度、主观规范和知觉行为控制这三个方面；预期因素主要来源于期望理论，家庭对未来预期收益的大小决定着搬迁意愿的高低；家庭因素包含人口结构、经济情况和生命周期事件。政策因素、家庭因素不但影响搬迁意愿，还和搬迁障碍因素一起影响搬迁行为的发生。

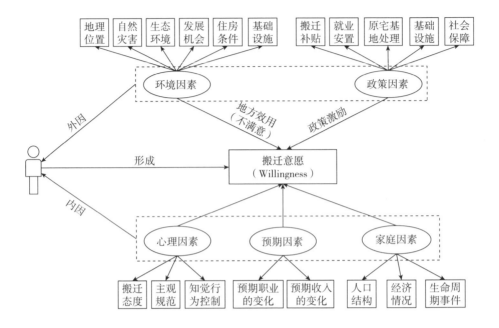

图 4-2　易地扶贫搬迁决策影响因素

资料来源：笔者绘制。

第二节　农户搬迁意愿的实证检验

一、变量描述

1. 居住地环境因素

本书选取了地方效用作为环境因素的潜变量，并选取对地理位置的满意度、对基础设施的满意度、对经济发展机会的满意度、对现有居住条件的满意度、对自然灾害发生情况的满意度、对生态环境的满意度作为潜变量的可测变量。可测变量使用六个问题测量居民对现居住环境的满意情况，分别是"对居住地距离镇中心距离满意情况""对居住地水电路网设施建设的满意情况""对在居住地附近获得非农就业（包括务工、自我经营）机会的满意情况""对目前居住的房屋条件的满意情况""对目前居住地自然灾害发生频率的满意情况""对目前居住地的生态环境的满意情况"（见表4-1）。

表4-1 环境因素变量

影响因素潜变量	可测变量	测量形式	指标解释
环境因素（PU）	对地理位置的满意度（pu1）	1~5 打分	1分表示非常不满意 5分表示非常满意
	对基础设施的满意度（pu2）	1~5 打分	1分表示非常不满意 5分表示非常满意
	对经济发展机会的满意度（pu3）	1~5 打分	1分表示非常不满意 5分表示非常满意
	对现有居住条件的满意度（pu4）	1~5 打分	1分表示非常不满意 5分表示非常满意
	对自然灾害发生情况的满意度（pu5）	1~5 打分	1分表示非常不满意 5分表示非常满意
	对生态环境的满意度（pu6）	1~5 打分	1分表示非常不满意 5分表示非常满意

2. 预期因素

预期收益越大的家庭，搬迁意愿越强烈。本书选取搬迁后预期职业的变化、收入的变化这两个可测变量来测量预期收益潜变量。可测变量使用"如果搬迁，您预期家庭成员从事的职业变化""如果搬迁，您预期家庭年收入的变化"这两个问题考察。预期职业变化的分值是这样设定的：向被调研者询问搬迁之后最可能从事的职业是什么：第一产业、农业产业园、第二产业、务工、经商等，并和他们现在的职业对比。如果现在以务农为主，农业收入超过总收入的50%，未来还从事农业，则赋值为1；如果原来以第二产业收入为主，现在仍然从事第二产业，则赋值为2；如果原来从事第一产业，搬迁以后预计从事第三产业，则赋值为5；如果搬迁前从事第三产业，搬迁后仍然从事第三产业，则赋值为3；如果搬迁前从事第二产业，搬迁后从事第三产业，则赋值为4；如果搬迁前原本为第二、第三产业，搬迁后从事第一产业，则赋值为1。

根据"理性人"假设，当人们的预期收入增加时，其搬迁的意愿较强烈。本书中使用搬迁前后预期收入增加值测量预期收入的变化（见表4-2）。

表4-2　预期因素变量

影响因素潜变量	可测变量	测量形式	指标解释
预期收益（EXP）	对搬迁后职业变化的预期（exp1）	搬迁前后预期职业变化情况	第一产业→第一产业，赋值1；第二产业→第二产业，赋值2；第一产业→第三产业，赋值5；第三产业→第三产业，赋值3；第二产业→第三产业，赋值4；第二、第三产业→第一产业，赋值1
	对搬迁后收入变化的预期（exp2）	搬迁前后预期收入增加值，虚拟变量（1~5分）	1分是增加值为小于2000元；2分是增加值为2000~9999元；3分是增加值为10000~14999元；4分是增加值为15000~19999元；5分是增加值为20000元以上

3. 政策因素

搬迁补贴、搬迁后宅基地处理和后续发展都是影响农户搬迁决策的重要因素。本书设计了四个问题，"对政府搬迁补助是否满意""对搬迁以后的就业安置是否满意""对搬迁后原宅基地的处理方式是否满意""对搬迁后社会保障待遇是否满意"，考察被调研对象对相关政策的满意度，并进行赋分（1~5分），5分表示非常满意，1分表示非常不满意（见表4-3）。

表 4-3　政策因素变量

影响因素潜变量	可测变量	测量形式	指标解释
政策满意（GOV）	对搬迁补助政策的满意度（gov1）	1~5 打分	1 分表示非常不满意 5 分表示非常满意
	对就业安置政策的满意度（gov2）	1~5 打分	1 分表示非常不满意 5 分表示非常满意
	对原宅基地处理方式的满意度（gov3）	1~5 打分	1 分表示非常不满意 5 分表示非常满意
	对社会保障政策的满意度（gov4）	1~5 打分	1 分表示非常不满意 5 分表示非常满意

4. 心理因素

态度（ATT）是指受访者自身以及家庭成员对搬迁的支持程度。使用"你自己对搬迁是否赞成""家庭成员对搬迁是否支持"这两个问题进行考察，并按照 1~5 分的设计进行打分：非常支持为 5 分，非常反对为 1 分。

主观规范（SN）是指社会网络对家庭搬迁的影响，根据前期走访，在农村社会中，家庭是否搬迁的决策会受到来自亲朋好友以及同村人的影响。使用"同村亲友的搬迁行为在多大程度上对您产生影响""同村其他人的搬迁行为在多大程度上对您产生影响""非同村亲友的搬迁行为在多大程度上对您产生影响"三个问题进行考察，并按照 1~5 分的设计打分：影响很大为 5 分，影响很小为 1 分。

知觉行为控制（PBC）被认为是个体或家庭对搬迁后的社会适应行为进行的控制。使用"如果搬迁，您的家庭能够多大程度上脱离对土地的依赖"（1 分表示难以远离故土，5 分表示可以远离故土）、"您的家庭对安置地（迁入地）是否了解"（1 分表示完全陌生，5 分表示非常熟悉），以及"如果搬迁，您的家庭能否适应城镇生活"（1 分表示无法适应，5 分表示可以适应）这三个问题进行考察，并按照 1~5 分的设计打分。

以上三方面的变量具体如表 4-4 所示。

表4-4　心理因素变量

影响因素潜变量	可测变量	测量形式	指标解释
态度（ATT）	受访者对搬迁的支持度（att1）	1~5打分	1分表示非常反对 5分表示非常支持
	家庭成员对搬迁的支持度（att2）	1~5打分	1分表示非常反对 5分表示非常支持
主观规范（SN）	同村亲友对搬迁的影响（sn1）	1~5打分	1分表示影响很小 5分表示影响很大
	同村其他人对搬迁的影响（sn2）	1~5打分	1分表示影响很小 5分表示影响很大
	非同村亲友对搬迁的影响（sn3）	1~5打分	1分表示影响很小 5分表示影响很大
知觉行为控制（PBC）	对土地的依赖程度（pbc1）	1~5打分	1分表示难以远离故土 5分表示可以远离故土
	对迁入地的熟悉度（pbc2）	1~5打分	1分表示完全陌生 5分表示非常熟悉
	对城镇生活的适应程度（pbc3）	1~5打分	1分表示无法适应 5分表示可以适应

5. 家庭因素

本书选取了家庭人口数、非农劳动力比例、家庭成员受教育水平、家庭年总收入、家庭年总支出、非农收入比例、家庭成员上学结婚事件作为家庭控制变量（见表4-5）。

表4-5　家庭控制变量

可测变量	测量形式	指标解释
人口结构（demo）	家庭人口数（d_1）	家庭中人口数量
	非农劳动力比例（d_2）	家庭成员从事非农劳动的人口占总人口比例
	家庭成员受教育水平（d_3）	1为小学及以下，2为初中，3为高中，4为大学及以上

续表

可测变量	测量形式	指标解释
经济情况 （econ）	家庭年总收入（eco1）	家庭年总收入的对数形式
	家庭年总支出（eco2）	家庭年总支出的对数形式
	非农收入比例（eco3）	家庭非农收入占总收入比例
生命周期事件 （lc）	有适龄子女上学或结婚需要在城镇居住的愿望程度（lc）	0表示没有该事件，1表示有该事件

二、对农户搬迁意愿的初步分析

1. 探索性因子分析（EFA）

对因子之间的关联性进行探索性因子分析，经过比较筛选，剔除了部分影响较小的变量，最终保留了18个高度相关的变量，符合样本量104个所能包含的最大变量。运用 SPSS 20.0 对全部18个变量进行探索性因子分析，先进行 KMO 检验和 Bartlett 球形度检验，KMO 检验值为0.906，Bartlett 球形度检验 p = 0.000<0.001，综合两个指标，说明变量之间存在相关性，适合进行因子分析。

使用主成分分析法提取公因子，运用最大方差法对公因子进行旋转，并且要求公因子的特征根大于1。就提取的结果来看，提取的三个公因子解释的总方差累计为61.1%。

成分矩阵反映的是公因子与原始变量之间的相关系数，绝对值越大，说明关系越密切。结合旋转成分矩阵，至少可以区分出 pu1～pu5 与公因子负相关，和其余的变量与公因子正相关不同，如图4-3所示。

EFA 只是对因子之间的关系进行初步的分析，主要的目的是初步判断因子之间的正、负影响关系，剔除不相关的变量（pu6、gov3 和 att1），以便为验证性因子分析打下基础。

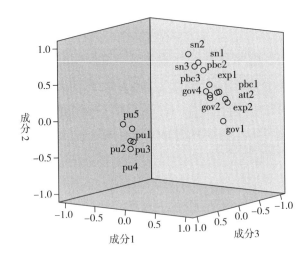

图 4-3 旋转空间中的成分示意图

资料来源：笔者绘制。

2. 验证性因子分析（CFA）

根据 EFA 的结果，将 pu1~pu5 归为公因子地方效用。此外，根据计划行为理论分别将 sn1~sn3 归为公因子主观规范，att2 和 exp1、exp2 归为公因子态度，将 pbc1~pbc3 归为公因子知觉行为控制，并根据政策因素相关问题的设定，将 gov1~gov4 归为公因子政策满意。对这 5 个公因子进行 CFA 分析，各因子的载荷如表 4-6 所示。

表 4-6 公因子载荷

态度 （ATT）		主观规范 （SN）		知觉行为控制 （PBC）		地方效用 （PU）		政策满意 （GOV）	
原始变量	因子载荷	原始变量	因子载荷	原始变量	因子载荷	原始变量	因子载荷	原始变量	因子载荷
att2	0.862	sn1	0.884	pbc1	0.833	pu1	0.768	gov1	0.766
exp1	0.863	sn2	0.882	pbc2	0.819	pu2	0.796	gov2	0.759
exp2	0.832	sn3	0.819	pbc3	0.825	pu3	0.753	gov3	0.711
						pu4	0.781	gov4	0.723
						pu5	0.711		

一般认为因子载荷大于 0.4 为有效，从表 4-6 可以看出，全部的因子载荷均超过 0.7，说明公因子提取有效且能够较好反映原始变量的信息。

（1）信度检验。本书采用 Cronbach's α 来检验因子的信度，同时采用组合信度（CR）来探索各个公因子的组合信度。由表 4-7 可知，Cronbach's α 均高于 0.7，组合信度 CR 均高于 0.8，说明本研究具有较高的信度；每个公因子的 KMO 检验值均大于 0.5，且 Bartlett 球形度检验均在 0.000 水平上显著，说明适合进行因子分析。

表 4-7　组合信度与球形度检验

公因子	Cronbach's α	组合信度 CR	KMO	Bartlett Sig.
ATT	0.812	0.888	0.715	0.000
PBC	0.765	0.864	0.696	0.000
SN	0.827	0.896	0.704	0.000
GOV	0.704	0.818	0.745	0.000
PU	0.821	0.874	0.792	0.000

（2）效度检验。本书采用平均方差萃取（AVE）来检验公因子的收敛效度，一般认为 AVE 值大于 0.5 时收敛效度较好，表明潜变量解释了超过半数指标的方差。由表 4-8 可知，本书采取潜变量的 AVE 值均在 0.5 以上，符合收敛效度要求。在区别效度方面，如果两个变量具有良好的区别效度，那么这两个变量的 AVE 值应当高于它们相关系数的平方。ATT 的 AVE 值 0.726 小于其相关系数平方 0.852；GOV 的 AVE 值 0.531 小于其相关系数平方 0.729；PBC 的 AVE 值 0.680 小于其相关系数平方 0.825；PU 的 AVE 值 0.582 小于其相关系数平方 0.763；SN 的 AVE 值 0.743 小于其相关系数平方 0.862。

表 4-8　AVE 值与区别效度检验

公因子	AVE	ATT	GOV	PBC	PU	SN
ATT	0.726	0.852				
GOV	0.531	0.726	0.729			

公因子	AVE	ATT	GOV	PBC	PU	SN
PBC	0.680	0.754	0.661	0.825		
PU	0.582	−0.572	−0.536	−0.545	0.763	
SN	0.743	0.610	0.585	0.678	−0.519	0.862

3. 加入家庭控制变量回归

有序 Logit 回归模型是在预测目标变量时的一种数据分类方法，常用于评级类因变量的处理，Logit 为变换函数。本书的因变量为 1~5 级的搬迁意愿，运用有序 Logit 模型对其进行回归分析。

（1）变量描述性统计。本书在测量搬迁意愿时，1~5 分表示从"完全不愿搬迁"到"非常愿意搬迁"。由表 4-9 可以看出，被调研者总体上愿意搬迁。在此基础上，将公因子 ATT、PBC、SN、GOV、PU 作为自变量，以家庭成员受教育水平、生命周期事件（是否有家庭成员上学、结婚）、家庭人口数、非农劳动力比例、家庭年总收入作为控制变量，纳入回归模型，描述性统计结果如表 4-10 所示。

表 4-9　因变量的分组统计

搬迁意愿	1	2	3	4	5
频率（户）	8	11	9	37	39
百分比（%）	7.7	10.6	8.7	35.6	37.5
累计百分比（%）	7.7	18.3	26.9	62.5	100

注：1~5 分别表示完全不愿搬迁、比较不愿搬迁、一般、比较愿意搬迁和非常愿意搬迁。

表 4-10　变量的描述性统计

符号	含义	极小值	极大值	均值	标准差
will	搬迁意愿	1	5	3.85	1.24
d_1	家庭人口数	2	7	3.979	1.05
d_2	非农劳动力比例	0	1	0.39	0.16

续表

符号	含义	极小值	极大值	均值	标准差
d_3	家庭成员受教育水平	1	4	2.47	0.74
lc	是否有家庭成员上学、结婚	0	1	0.28	0.45
eco1	家庭年总收入	8.29	12.28	10.52	0.73

（2）回归结果分析。对模型中自变量的偏回归系数是否全为零进行似然比检验，p=0.000，说明至少有一个自变量的偏回归系数不为零。在拟合优度检验中，p 值均大于 0.05，接受原假设偏回归系数不为零，拟合较好。伪决定系数 Cox & Snell R^2 以及 Nagelkerke R^2 越接近于 1，拟合度越高。由表 4-11 可知，本模型伪决定系数 R^2 均超过 0.7，说明解释效果非常好。

表 4-11　模型拟合

拟合指标	数值
-2 对数似然值	143.954
Sig.	0.000
Cox & Snell R^2	0.706
Nagelkerke R^2	0.754

由表 4-12 可知，态度、知觉行为控制、政策满意对搬迁意愿有正向显著影响，地方效用对搬迁意愿有负向影响，主观规范影响不显著（其中，ATT 在 p<0.01 水平上显著，PU、PBC 在 p<0.05 水平上显著，GOV 在 p<0.1 水平上显著）。在控制变量中，仅家庭人口数、生命周期事件对搬迁意愿影响显著（其中，d_1 在 p<0.01 水平上显著；lc 在 p<0.1 水平上显著）。

表 4-12　系数估计

变量	估计	标准误	Wald 检验
[will=1]	-1.953	1.538	1.613
[will=2]	0.610	1.473	0.171

变量	估计	标准误	Wald 检验
[will=3]	2.538*	1.463	3.008
[will=4]	6.438***	1.624	15.722
ATT	1.367***	0.420	10.597
PBC	0.822**	0.403	4.172
GOV	0.709*	0.381	3.467
PU	−0.586**	0.287	4.170
d_1	0.855***	0.277	9.529
lc	1.073*	0.589	3.321

注：***表示 p<0.01，**表示 p<0.05，*表示 p<0.1，仅显示回归系数显著的控制变量。

通过有序 Logit 回归的结果可以发现，ATT 和 lc 的系数超过 1，并且主观规范的影响不显著，可以猜测因子之间不是简单的线性关系，可能存在中介变量。因此，应该对因子之间的关系进行更加深入的检验和分析，下部分就将采用结构方程法来研究因子之间复杂的关系。

三、对农户搬迁意愿的深度分析

上部分通过因子分析和回归分析，对环境因素、态度、知觉行为控制、主观规范、政策满意、家庭控制变量对搬迁意愿的影响进行了初步分析。但是根据回归系数猜测，因子之间可能存在中介效应，因此本部分基于结构方程对因子之间的关系进一步进行分析。

1. 因子之间关系假设

（1）心理因素的假设。计划行为理论认为，态度、主观规范和知觉行为控制是影响行为意愿的重要因素。当受访者有比较积极的迁移态度时，他们在未来一段时间内实际搬迁的可能性较大。用期望理论来看，移民搬迁对未来预期收益越高，农户的搬迁态度越积极。基于此，做出如下假设：

H1：积极态度对搬迁意愿具有显著正向影响。

H2：知觉行为控制对搬迁意愿具有显著正向影响。

H3：主要社会关系的主观规范对搬迁意愿具有显著正向影响。

（2）环境因素的假设。地方效用理论认为，当人们对环境的负面感知超过自己的容忍度时，就会考虑迁移。研究表明，人们最容易对可感知的环境风险做出反应，包括自然条件、经济潜力、经济基础和社会条件等方面。陕南山区可能成为环境压力的因素为：地理位置偏僻交通不便、自然灾害频发、经济发展落后、基础设施不完善、住房条件差等。基于此，做出如下假设：

H4：对原居住环境的感知对搬迁意愿具有显著负向影响。

（3）政策因素的假设。在中国国情下，政府在移民搬迁中起到政策宣传、引导和提供帮助的作用，如建设安置房、提供就业培训和岗位等，使原来没有迁移意愿的居民愿意搬迁。中国国情下的研究表明，居民对政府的政策越满意，搬迁意愿越高。基于此，做出如下假设：

H5：家庭对政策满意对搬迁意愿具有显著正向影响。

（4）中介效应的假设。计划行为理论认为，态度、主观规范和知觉行为控制之间存在相互关系，但是我国所处的环境与西方环境差别较大，将计划行为理论应用在我国情境下后发现，态度、知觉行为控制、主观规范和意愿之间存在中介效应。本部分将态度、知觉行为控制作为中介变量，并且为了更加准确地判断究竟是哪个变量在发挥中介效应，分别对态度、知觉行为控制各自的中介作用以及两者共同的中介作用进行验证。基于此，做出如下假设：

H6a：家庭对搬迁的积极态度在政策满意和搬迁意愿之间起中介作用。

H6b：家庭对搬迁的积极态度在地方效用和搬迁意愿之间起中介作用。

H6c：家庭对搬迁的积极态度在主观规范和搬迁意愿之间起中介作用。

H7a：知觉行为控制在政策满意和搬迁意愿之间起中介作用。

H7b：知觉行为控制在地方效用和搬迁意愿之间起中介作用。

H7c：知觉行为控制在主观规范和搬迁意愿之间起中介作用。

H8a：家庭对搬迁的积极态度、知觉行为控制在政策满意和搬迁意愿之间起多重中介作用。

H8b：家庭对搬迁的积极态度、知觉行为控制在地方效用和搬迁意愿之间起多重中介作用。

H8c：家庭对搬迁的积极态度、知觉行为控制在主观规范和搬迁意愿之间起多重中介作用。

综上，本部分形成的关于搬迁意愿影响因素的研究框架，如图4-4所示。

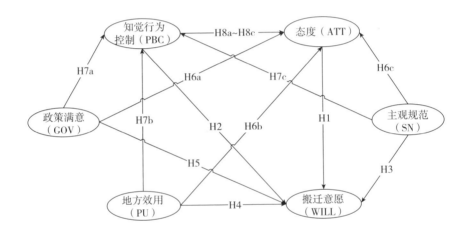

图4-4　搬迁意愿影响因素概念模型

2. 研究方法选择

结构方程模型估计程序一般可分为两类：一类是基于协方差矩阵估计的结构方程模型（CB-SEM）；另一类是基于方差估计的偏最小二乘法结构方程模型（PLS-SEM）。PLS-SEM估计程序对模型结构、模型可识别性、样本容量、数据正态性与否无特别要求，是一种偏误较小的、精度较高的稳健估计方法。尤其是当模型有较强的理论支撑时，PLS-SEM应用于理论验证较为合适。

本部分采用偏最小二乘法结构方程模型（PLS-SEM）来研究多变量之

间的关系，原因有二：一是本部分的研究属于小样本研究（N＝104），适合采用偏最小二乘法进行；二是本部分要进行中介效应的检验，而偏最小二乘法适合检验复杂关系，即使在有误差的情况下也能检验出变量之间的中介效应。为了验证假设 H1~H5，将各变量间仅有直接效用影响作为模型一。为了检验 H6a~H6c、H7a~H7c、H8a~H8c，即在态度和知觉行为控制的中介作用下地方效用、政策满意、主观规范对搬迁意愿的影响，将变量间存在中介作用作为模型二。

3. 构念的衡量

考虑到调查对象大多数为山区农户，为了使调查问卷更容易理解，研究采用 5 点法衡量所有的观测指标，并对部分自变量进行了重新编码，以更准确地反映测量指标（见表4-13）。因变量搬迁意愿也是通过 5 点法衡量，1~5 表示从"完全不愿意搬迁"到"非常愿意搬迁"。

表 4-13　构念含义与赋值

变量	构念	含义	取值范围
地方效用 （PU）	pu1	居住地与 镇中心距离	1＝12 千米及以上，2＝8~12 千米，3＝5~8 千米，4＝3~5 千米，5＝3 千米及以下
	pu2	水电路网 建设情况	1＝非常差，2＝较差，3＝一般，4＝较好，5＝很好
	pu3	发展机会	1＝非常差，2＝较差，3＝一般，4＝较好，5＝很好
	pu4	居住条件	1＝非常差，2＝较差，3＝一般，4＝较好，5＝很好
	pu5	灾害影响	1＝非常大，2＝较大，3＝一般，4＝较小，5＝很小
政策满意 （GOV）	gov1	对搬迁补助 是否满意	1＝非常不满意，2＝比较不满意，3＝满意程度一般，4＝比较满意，5＝非常满意
	gov2	对就业安置 是否满意	
	gov3	对原宅基地 处理是否满意	
	gov4	对社会保障 是否满意	

续表

变量	构念	含义	取值范围
态度（ATT）	att1	家庭支持	1＝非常反对，2＝比较反对，3＝不支持也不反对，4＝比较支持，5＝非常支持
	att2	职业变化	1＝第一产业转变为第一产业，2＝第二产业转变为第二产业或第三产业转变为第三产业，3＝第二产业转变为第三产业，4＝第一产业转变为第二产业，5＝第一产业转变为第三产业
	att3	收入变化	1＝增加值不足2000元；2＝增加值为2000~10000元；3＝增加值为10000~15000元；4＝增加值为15000~20000元；5＝增加值为20000元以上
主观规范（SN）	sn1	同村亲友示范	1＝完全没有影响，2＝影响很小，3＝影响程度一般，4＝影响较大，5＝影响很大
	sn2	同村示范	
	sn3	非同村亲友示范	
知觉行为控制（PBC）	pbc1	土地依赖	1＝完全不能离土，2＝基本不能离土，3＝依赖程度一般，4＝基本可以离土，5＝完全可以离土
	pbc2	安置地熟悉	1＝完全陌生，2＝比较陌生，3＝了解程度一般，4＝有一定了解，5＝非常了解
	pbc3	城镇适应程度	1＝不能适应，2＝不太能适应，3＝适应程度一般，4＝比较能适应，5＝完全能适应

（1）地方效用的测量。使用如下五个问题来测量居民对现居住地的满意度："居住地与镇中心的距离""居住地水电路网设施建设状况""在居住地（附近）得到非农就业（包括务工、自我经营）的机会""目前居住的房屋条件""居住地自然灾害对生活的影响程度"。

（2）政策满意的测量。使用如下四个问题测量居民对政策的满意度："对政府搬迁补助是否满意""对搬迁以后的就业安置是否满意""对搬迁后原宅基地的处理方式是否满意""对搬迁后社会保障待遇是否满意"。

（3）态度的测量。使用如下三个问题测量居民对搬迁持有的态度："家庭成员对搬迁是否支持""如果搬迁，您预期家庭成员从事的职业变化""如果搬迁，您预期家庭年收入的变化"。

（4）主观规范的测量。使用如下三个问题测量居民受社会网络关系规范作用的影响："与您家庭关系较近的亲友的搬迁行为在多大程度上对您产生影响""同村人的搬迁行为在多大程度上对您产生影响"以及"非同村亲友的搬迁行为在多大程度上对您产生影响。"

（5）知觉行为控制的测量。使用如下三个问题测量居民对能够成功搬迁的控制信念："如果搬迁，您的家庭能够多大程度上脱离对土地的依赖""您的家庭对安置地（迁入地）是否了解""如果搬迁，您的家庭能否适应城镇生活"。

4. 共同方法偏差检验（Common Method Biases，CMB）

对全部变量进行 Harman 检验，如果未旋转之前第一个因子所解释的方差占总方差的比率未超过 50%，说明数据 CMB 可接受；或者公共因子之间的相关系数不超过 0.9，说明变量 CMB 可接受。本部分研究中的第一个因子所解释的方差占总方差的比率为 42.020%，且公因子相关系数为 0.324～0.735，说明本部分研究变量的 CMB 合理。

5. 直接效应和中介效应检验

（1）直接效应检验。对路径系数进行统计显著性检验，结果如表 4-14 所示。在检验样本数据时，运用 Smart PLS3.0 提供的 Bootstrap 法求解路径系数 β 的 t 值，以检验显著性。在模型一中，ATT 和 PBC 的 t 值均大于 1.96，具有统计上的显著性（β 系数分别为 0.477 和 0.189）；GOV 在 $p < 0.1$ 的水平上显著（β 系数为 0.183）；SN 和 PU 均不显著。

表 4-14　直接效应假设检验结果

模型一（直接效应）	Bootstrap（N = 500）		
	系数 β	标准差	t 值
ATT→WILL	0.477	0.102	4.723***
PBC→WILL	0.189	0.095	2.024**
SN→WILL	-0.042	0.035	0.630
PU→WILL	-0.110	0.072	1.489
GOV→WILL	0.183	0.088	1.818*

注：*** 表示 $p < 0.01$，** 表示 $p < 0.05$，* 表示 $p < 0.1$。

（2）中介效应检验。Bootstrap 自抽样得到的置信区间可以检验多重中介变量，是目前较为通用的检验方法，检验精度较高，且适用小样本。根据温忠麟等（2012）提出的中间效应 Bootstrap 检验过程，首先检验自变量对因变量有无显著影响，其次检验自变量对中介变量有无显著影响，最后检验中介变量对因变量有无显著影响。如果以上同时显著，则还需确定是完全中介还是部分中介，通过控制中介变量来检验自变量对因变量有无显著影响。

根据 500 次自抽样结果（见表 4-15），自变量 GOV 显著影响因变量，并且 GOV 显著影响中介变量 ATT、共同中介变量 ATT 与 PBC，且 PBC 与 ATT 均显著影响因变量，可以验证得到中介变量 ATT 及共同中介变量 ATT 与 PBC，假设 H6a、H8a 成立。由于 GOV 自身对因变量影响显著，因此 ATT 起部分中介作用。同理，SN、PU 均显著影响因变量和共同中介变量，ATT 与 PBC 的共同中介作用假设成立，且为部分中介作用，验证假设 H8b、H8c。

表 4-15　中介效应假设检验结果

模型二（中介效应）	Bootstrap（N = 500）			假设检验结果
	抽样均值（M）	95%置信区间		
		下限	上限	
ATT→WILL	0.476 ***	0.242	0.676	H1 成立
PBC→WILL	0.375 ***	0.178	0.577	H2 成立
SN→WILL	0.137 **	0.002	0.259	H3 成立
PU→WILL	−0.248 ***	−0.416	−0.074	H4 成立
GOV→WILL	0.469 ***	0.286	0.659	H5 成立
GOV→ATT→WILL	0.170 ***	0.074	0.272	H6a 成立
GOV→PBC→WILL	0.059	−0.006	0.144	H7a 不成立
GOV→PBC→ATT→WILL	0.070 **	0.019	0.145	H8a 成立
GOV→PBC→ATT	0.143 ***	0.047	0.256	
PU→ATT→WILL	−0.061	−0.155	0.007	H6b 不成立
PU→PBC→WILL	−0.033	−0.096	0.005	H7b 不成立

模型二（中介效应）	Bootstrap（N=500）			假设检验结果
	抽样均值（M）	95%置信区间		
		下限	上限	
PU→PBC→ATT	−0.083**	−0.167	−0.011	H8b 成立
PU→PBC→ATT→WILL	−0.041*	−0.098	−0.004	
SN→ATT→WILL	0.024	−0.078	0.129	H6c 不成立
SN→PBC→WILL	0.062	−0.006	0.148	H7c 不成立
SN→PBC→ATT	0.151***	0.069	0.26	H8c 成立
SN→PBC→ATT→WILL	0.074**	0.024	0.144	

注：***表示 p<0.01，**表示 p<0.05，*表示 p<0.1。

（3）拟合效果。与 CB-SEM 不同的是，PLS-SEM 的拟合评价使用多重判定系数 R^2 评价。本研究采用 Smart PLS 3.0 所提供的 PLS 算法计算结构方程模型的可决系数 R^2。评价标准要求 R^2 应至少为 0.25，超过 0.5 时解释能力较强。本研究的模型一调整后的 R^2 为 0.737，模型二调整后的 R^2 分别为 0.728（因变量）、0.672（ATT）和 0.586（PBC），均超过 0.5，解释能力较强。

第三节　结果与讨论

一、结果

1. 搬迁意愿的影响因素

图 4-5 为各因素影响搬迁意愿的路径图（在中介作用下）。从影响的正负方向上来看，态度、政策满意、知觉行为控制和主观规范对搬迁意愿具有正向影响，即家庭成员对搬迁越支持、家庭预期收入和预期职业的提升

和改善越明显、对易地扶贫搬迁政策的满意度越高、家庭对搬迁的控制能力越强，搬迁意愿越强。地方效用对搬迁意愿具有负向影响，即家庭从原居住地获得的满意感越低，搬迁的意愿越强。

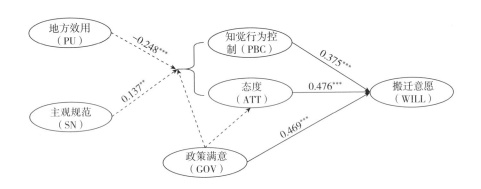

图 4-5 搬迁意愿影响因素路径

注：实线表示直接影响，虚线表示中介作用，大括号表示共同中介作用，如 PU 对 WILL 的影响是通过 PBC 与 ATT 的共同中介作用产生的。数字均为总影响系数，星号表示显著性。

资料来源：笔者绘制。

从影响因子的重要性上来看，态度、政策满意和知觉行为控制对搬迁意愿的影响最大，影响总系数从大到小依次为 0.476、0.469 和 0.375。地方效用、主观规范对搬迁意愿的影响较小。

从影响效用的直接、间接性上来看，知觉行为控制、态度这两个因素直接对搬迁意愿产生影响；政策满意对搬迁意愿既有直接影响又有间接影响；地方效用、主观规范仅在态度和知觉行为控制的共同中介作用下对搬迁意愿产生间接影响。

2. 对理论假设的验证

通过结构方程模型进行分析，不仅可以说明心理因素、预期因素对搬迁意愿具有正向影响，还可以说明因素之间的中介作用。心理因素和预期因素对搬迁意愿产生直接、正向的影响，政策因素对搬迁意愿产生正向影响，其中一部分是直接作用于搬迁意愿，另一部分是通过心理因素和预期因素的中介作用对搬迁意愿产生影响。环境因素对搬迁意愿产生间接、负向影响。结合因子分析与有序 Logit 的回归结果可知，家庭因素中的家庭人口数、非农劳动力比例与生命周期事件也对搬迁意愿产生负向影响。理论假设检验结果如表 4-16 所示。

表 4-16　理论假设检验

因素	内容	影响	检验结果	来源
环境因素	地理位置、居住条件、基础设施和公共服务、生态环境等	负向、间接	支持	地方效用理论
心理因素	家庭成员对搬迁支持	正向、直接	支持	计划行为理论
预期因素	对未来的收入、职业提升和改善的预期	正向、直接	支持	期望理论
政策因素	搬迁补贴、就业安置、社会保障等	正向、直接、间接	支持	朱乾宇等（2012）
家庭因素	家庭人口数、非农劳动力比例、生命周期事件	正向、控制变量	支持	期望理论、计划行为理论

二、讨论

居住地的环境压力包括自然资源、生态环境、基础设施和公共服务、经济发展机会等。但是这些环境压力是不是都被农户所感知，并且是否超过了农户所能忍受的"临界值"，则需要从农户的角度进一步分析。

第一，不同的居住环境下环境压力的内容。不同的人口对环境压力的感受不同。一般而言，可能成为压力的环境因素包括自然灾害、生态环境恶化、水源和食物污染或短缺、基础设施和公共服务落后，以及高犯罪率、邻里关系、人口密度等。居住在平原、距离城镇较近、基础设施配套较完善的农户，感知到的环境压力和居住在深山的农户不同，考虑搬迁的人数比例也不同。居住在生存条件恶劣的山区农户考虑搬迁的人数比例要多于平原靠近城镇的农户。

第二，不同的个体压力阈值不同。有的人对环境压力的适应程度较高，在一定环境压力下也没有迁移的想法；有的人对环境压力的适应程度较差，在环境压力下较早产生搬迁的想法。如居住在同一个村子的村民，有些人很早就搬迁出去了，有些人则没有搬迁。当居住地绝大多数人都感受到环境压力，并且不少人开始考虑这个地方是否可以继续居住，是否需要外迁离开，甚至有些人已经离开了，则说明这个地方的确不宜生存和发展。

1. 居住地总体压力感知

根据调研发现，影响搬迁意愿的环境因素主要为基础设施和公共服务、地理位置、住房条件、发展机会等方面。由图 4-6 可知，未搬迁的农户的环境压力感知依次为水电路网（94%）、公共服务（88%）、地理位置（81%）、住房条件（75%）、发展机会（67%）和自然灾害（44%）。已搬迁的农户环境压力感知依次为发展机会（80%）、公共服务（69%）、住房条件（64%）、地理位置（62%）、水电路网（58%）和自然灾害（32%）。可见已搬迁农户和未搬迁农户在对环境压力的感知中存在一定的偏差，已搬迁的农户更多的是感受到了发展机会的不足，而未搬迁的农户首要诉求是水电路网等基础设施。值得注意的是，无论是已搬迁农户还是未搬迁农户，对于生态环境的感知都不明显。

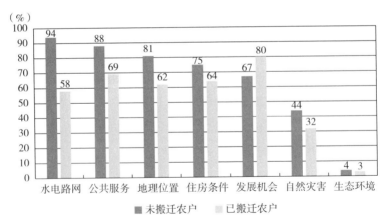

图 4-6　居住地总体压力感知

资料来源：笔者根据调研结果绘制。

2. 居住地灾害感知

如图4-7所示，在对灾害压力的感知方面，已搬迁的农户和未搬迁农户也存在差异。未搬迁农户对于灾害的感知排名前三的依次为滑坡和泥石流（84%）、暴雨和山洪（44%）、作物灾害（41%）。已搬迁农户对灾害的感知排名前三的依次为滑坡和泥石流（71%）、暴雨和山洪（68%）、干旱（9%）和地震（9%），干旱和地震并列第三位。由此可见，已搬迁农户对威胁人身安全的灾害感知更加强烈，对于作物灾害感知不强烈，而未搬迁农户除了对人身安全的灾害感知强烈外，还对作物灾害有明显的感知。这一结论也被图4-8的结果验证，对于灾害让农户产生搬迁想法的原因方面，未搬迁农户对灾害最主要的顾虑是破坏房屋和影响收成，已搬迁的农户对于灾害最主要的顾虑是破坏房屋和威胁生命。

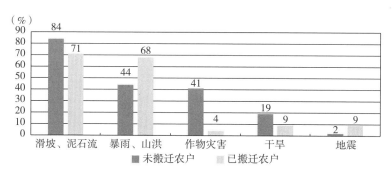

图4-7 对灾害威胁的感知

资料来源：笔者根据调研结果绘制。

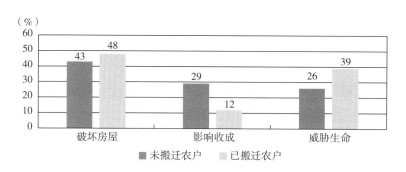

图4-8 灾害让农户产生搬迁想法的原因

资料来源：笔者根据调研结果绘制。

3. 心理因素、预期因素与搬迁意愿

家庭态度、知觉行为控制对搬迁意愿影响较大，具体包括家庭是否支持搬迁、预期收入是否提高、对城镇是否熟悉等。如果农户搬迁行为受到家庭成员的支持、预期搬迁之后家庭收入会有显著提高、对城镇没有陌生和恐惧感，则农户更愿意搬迁，说明农户在进行搬迁决策时既是经济人又是社会人。

4. 家庭因素与搬迁意愿

家庭人口数较多、从事非农业工作比例高且有子女结婚或者上学等事件发生时，农户的搬迁意愿更为强烈。从事非农业工作的家庭愿意搬迁是因为其一方面需要搬到城镇去寻找更多的工作机会，另一方面也相对富裕，有搬迁的客观条件和能力，因此更愿意搬迁。有子女上学的家庭更愿意搬迁是希望子女能够到城镇接受更好的教育，愿意为了孩子的教育而搬迁；买房是很多山区青年结婚的先决条件，很多家庭省吃俭用也会尽力为子女在距离城镇较近的位置买"婚房"，因此"结婚"也提高了搬迁的意愿。家庭人口数较多，通常有适婚青年或学龄子女，因此搬迁意愿较强。

5. 政策因素与搬迁意愿

图4-9反映的是农户考虑搬迁的情况。在2011年陕西省实施易地扶贫搬迁政策之前，考虑搬迁的陕南农户的比例仅有6%。在实施易地扶贫搬迁政策的2011~2015年，考虑搬迁的陕南农户大幅增加，特别是在"十三五"时期易地扶贫搬迁新政策实施之后，政府加大了对贫困人口搬迁宣传和补助的力度，有更多的人了解了搬迁政策，愿意搬迁的比例为38%。"十二五"和"十三五"时期，共有69%的陕南农户考虑过搬迁，可见政策因素对搬迁意愿的影响是非常明显的。

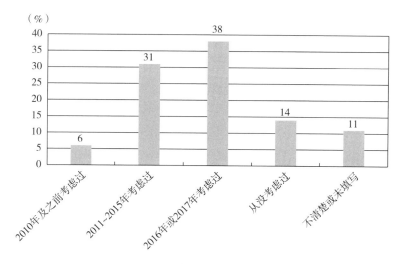

图 4-9　陕南农户考虑搬迁的情况

资料来源：笔者根据调研结果绘制。

第四节　本章小结

本章主要分析了农户搬迁决策的第一个要素：搬迁意愿，包括影响农户搬迁意愿的因素、搬迁意愿影响因素实证分析以及结果与讨论。本章的主要创新点是首次运用计划行为理论、期望理论、地方效用理论等人口迁移决策理论确定影响搬迁意愿的因素，没有采用传统线性回归方法，而是采用因子分析和结构方程模型处理变量，并检验了中介作用。本章的主要结论如下：

（1）山区农户的搬迁意愿受到内部、外部因素的共同作用，包括环境因素、政策因素、心理因素、预期因素以及家庭因素。环境因素是指农户从原居住地环境中获得的满意感；政策因素是指农户对易地扶贫搬迁政策的满意度；心理因素包括农户的搬迁态度、知觉行为控制和主观规范；预期因素是指农户对搬迁后职业和收入变化的预期；家庭因素是指与搬迁意愿有关的控制变量。总体上看，山区农户的搬迁意愿较高。

（2）态度、政策满意、知觉行为控制对搬迁意愿的影响较大，地方效用、主观规范对搬迁意愿的影响较小。其中，态度、知觉行为控制对搬迁意愿产生直接、正向影响；政策满意对搬迁意愿产生正向影响，既有直接影响又有间接影响；地方效用、主观规范仅在态度、知觉行为控制的共同中介作用下对搬迁意愿产生间接影响。

（3）环境因素中，基础设施和公共服务、地理位置、住房条件、发展机会等是影响农户搬迁意愿的主要因素，灾害因素是次要因素。心理和预期因素中，家庭成员支持搬迁、对城镇熟悉度高、预期收入高的农户的搬迁意愿高。家庭因素中，家庭人口数较多且有子女结婚或者上学等生命周期事件时，农户搬迁意愿高。

（4）政策会极大地提高农户的搬迁意愿。易地扶贫搬迁政策的实施，使搬迁人数明显增加，也会通过中介效应间接影响农户的搬迁意愿。

第五章 农户的搬迁能力分析

有搬迁意愿的家庭就一定会搬迁吗？答案是否定的，因为还涉及搬迁能力的问题。比如，一个搬迁意愿非常强的家庭，但是买不起安置房，或者搬迁之后无法在城镇获得一份稳定的工作，也无法继续种地，那么这个家庭也不大可能选择搬迁。因此，搬迁意愿是搬迁的必要条件，但不是充分条件。本章主要分析农户的搬迁能力，并识别与之相关的家庭特征变量。

第一节 搬迁障碍与农户的搬迁能力

一、搬迁障碍

搬迁障碍来自于推拉理论，人口迁移受到迁出地的推力和迁入地的拉力的共同作用。搬迁的障碍因素主要有以下三类：

（1）搬迁成本障碍。山区经济不发达，农户常年以农业为生，靠天吃饭，家庭原始积累比较少。搬迁城镇需要购买或建设住房，还要重置部分生活必需品，同时城镇生活的开销也高于山区农村，因此，搬不起是农户面临的最大障碍。

（2）搬迁后的生计障碍。农户搬迁到城镇后，原有的土地无法耕种，城镇也无土地可以耕种，所以需要进行无土安置，比如劳动力转移就业、自主创业等。如果农户原来有从事非农工作的经历，具有一技之长，那么搬迁之后其较容易获得一份稳定的工作；相反，如果农户没有从事非农工作的经历，或者年龄偏大，那么其在城镇获得一份稳定的工作就会比较困难。而搬迁后无法获得生计来源，是搬迁的重要障碍。

（3）心理适应障碍。农户不想离开原来的居住场所是一种常见的心理依赖现象，他们主要担忧是否能适应新环境、是否能建立新的社会关系等。

为了弄清易地扶贫搬迁的障碍，笔者调查了未搬迁农户没有搬迁的原因，结果如图5-1所示。从图5-1中可以看出，排在前三位的为就业和经济原因，依次是搬迁以后找不到工作（89%）、搬迁成本高（55%）、搬迁后城镇生活成本高（49%）。之后是社会心理原因，包括担心搬迁以后无法适应（20%）、搬迁后无法种地（17%）、生活不习惯（9%）和留恋故土（7%）。其中，搬迁以后无法种地，具有经济、社会双重属性，除了对土地的情怀之外，还和搬迁之后找不到工作有关。一些年龄较大的农户不具有一技之长，同时在年龄、体力等方面也不具有优势，在城镇找工作较困难。值得注意的是，调查走访没有发现因为目前居住条件很好而不需要搬迁的情况（比例为0%）。

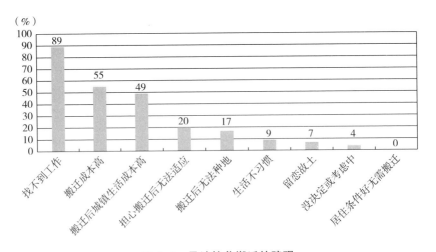

图5-1　易地扶贫搬迁的障碍

资料来源：笔者根据调研结果绘制。

二、农户的搬迁能力

计划行为理论对人口迁移的最大启示是：迁移意愿≠迁移行为。学者们逐渐发现，迁移意图并不是预测迁移行为的最佳手段（Willekens，2017），就是有迁移意愿的人并没有都做出迁移行为，这可能是搬迁存在某些障碍，即实际行为控制（Actual Behavior Control，ABC），如迁移成本太高、资源有限、边境管制（Klabunde & Willekens，2016）等。

有搬迁意愿的家庭并没有都做出搬迁行为，其他的研究也反映了农户搬迁意愿和搬迁行为不一致的情况。那么，出现这一情况的原因是什么？为什么有搬迁意愿的家庭却没有实际的搬迁行为呢？这是由于部分农户缺乏搬迁的能力，也就是 Ajzen 指出的实际行为控制，有搬迁能力的家庭才能实际搬迁。

搬迁能力与搬迁障碍密切相关。在调查搬迁障碍的基础上，需要分析这些障碍属于哪些搬迁能力。例如，"搬迁成本高""生活成本高"反映的是农户的经济能力，"找不到工作"反映农户的就业能力，"担心无法适应""留恋故土"是搬迁适应能力的体现。具体而言，搬迁能力包括：

（1）搬迁的经济能力。搬迁到城镇最先需要考虑的是能否负担得起搬迁的经济成本，这其中主要的是购买安置房。搬迁的经济能力主要包括两方面内容：一方面是搬迁前的财富积累，如果农户没有能力购买安置房，则搬迁不可能发生。另一方面是搬迁到城镇后的各项消费都要高于农村，家庭在搬迁后是否具备支持其在城镇生活的能力。与农户搬迁经济能力相关的家庭特征指标有家庭收入、家庭消费、家庭财富等。

（2）搬迁的就业能力。这是涉及搬迁后能否有稳定的生计来源的问题，如果家庭成员在搬迁后有能力在城镇找到一份稳定的收入，获得稳定的生计来源，那么农户搬迁的可能性更高；反之，如果缺乏必要的谋生手段，则农户一般不会搬迁。与农户搬迁就业能力相关的家庭特征指标主要有家庭的受教育水平、非农劳动力比例、年龄等。

（3）搬迁的适应能力。农户不但要搬得出，还要稳得住、能适应，虽然农户的适应能力属于"软"约束，但仍对搬迁具有重要的影响。农户搬迁到城镇后生活环境变得陌生，原来的社会交往圈子随着搬迁也逐渐消失，如果农户自身缺乏城镇生活的经历，那么其适应城镇生活就会有一定的困难。与农户搬迁适应能力相关的家庭特征指标有社会资本。

第二节　农户的搬迁能力实证分析

一、搬迁能力的家庭特征变量识别

有学者通过对政府主导的移民搬迁的研究发现，搬迁出现搬富不搬穷的现象，从而提出了"谁搬迁了"的问题（唐丽霞等，2005）。对出现这种现象的原因进行分析，发现这主要是因为研究没有严格区分搬迁意愿和搬迁能力。其实，对搬迁意愿和搬迁能力的讨论是两种不同的情况。对于搬迁意愿的讨论，是在比较未搬迁人口意愿的基础上进行的，即未搬迁人口之间才会有意愿高低强弱的差异，已经搬迁的人口既然已经搬迁了，就说明他们是有强烈的搬迁意愿的。而对搬迁能力的分析则是对已搬迁人口和未搬迁人口进行比较，看看他们的差异在哪里，主要分析他们在人口结构、经济水平、社会资本等方面的差异。因此，研究的因变量不同（意愿、行为），对应的研究群体也不同。此外，搬迁意愿的研究更加依赖理论范式进行，因为即使对搬迁对象进行数据收集，他们给出的意愿也可能是模糊的，甚至是不准确的，有时候他们也不是很清楚自己到底在多大程度上愿意搬迁。而搬迁能力的研究则不同，更加客观和准确，搬迁与否的结果是既定的，只需要对结果的发出者（已经搬迁者）和未发出者（未搬迁者）的家庭人口结构、经济水平、社会资本情况进行比较，就可以分析出他们之间的能力差异在哪里。相比搬迁意愿而言，搬迁能力的研究更加依赖客观数据的统计分析。

二、家庭特征变量的描述性统计

1. 变量描述

本章仍旧采用2017年8月在陕南地区调研的样本数据，比较已搬迁和未搬迁农户的家庭特征属性，包括人口、劳动力、经济、社会资本、居住距离五大方面（见表5-1）。

表5-1　家庭特征变量

变量类别	符号	含义	变量特征
因变量	resettle	是否搬迁	虚拟：0＝未搬迁，1＝已搬迁
人口指标	hsz	家庭人口数	连续
	hedu	最高受教育水平	虚拟：1＝小学及以下，2＝初中，3＝高中，4＝大学及以上
	age1	16岁及以下成员比例	连续
	age2	17~45岁成员比例	连续
	age3	46~59岁成员比例	连续
	age4	60岁及以上成员比例	连续
劳动力指标	lfr	劳动力比例	连续
	wlfr	非农劳动力比例	连续
经济指标	totinc	家庭总收入（元）	连续
	totcons	家庭总支出（元）	连续
社会资本	telcons	家庭月度电话支出（元）	连续
	social	关系较近的家庭数（户）	连续
	urbsocial	关系较近的城镇家庭数（户）	连续
居住距离	distance	家庭原居住地与中心城镇的距离（千米）	连续

（1）因变量。因变量是二分变量，用0代表已搬迁农户，1代表未搬迁农户。

（2）人口指标。选取家庭人口数、最高受教育水平、年龄结构三个变量。其中，家庭最高受教育水平是虚拟变量，分为小学及以下、初中、高中和大学及以上。这里采用最高受教育水平而不采用平均受教育水平，是因为相比平均受教育水平，最高受教育水平对家庭决策的影响更大。比如一个家庭中如果有大学生，那么大学生的见识通常更广，家庭其他成员在决策时往往会更多地听取大学生的意见。

（3）劳动力指标。选取劳动力比例、非农劳动力比例两个变量。劳动力多，尤其是非农劳动力多的家庭，与以从事农业工作为主的家庭相比，对土地的依赖较小，搬迁后能够脱离土地。同时，有务工经历的家庭也更容易融入城镇的生活。

（4）经济指标。相关研究多选取时家庭人均年收入、家庭不动产等指标。为了避免多重共线性影响，这里仅选择家庭年总收入和家庭年总支出这两个经济指标。

（5）社会资本。选取家庭的月度电话支出、关系较近的家庭数、关系较近的城镇家庭数来代表家庭成员的社会资本。通常认为，打电话频率较高的家庭拥有较多的社会资本（边燕杰，2012）。

（6）居住距离。从先期调研的结果来看，距离城镇中心越远的区域，家庭搬迁的比例越高。因此，这里选择家庭原居住地与中心城镇的距离作为控制变量。

2. 均值比较

已搬迁农户和未搬迁农户家庭特征变量的描述性统计结果如表5-2所示。对已搬迁和未搬迁农户的家庭特征变量进行独立样本 t 检验，比较已经搬迁农户和未搬迁农户家庭特征变量的均值是否有显著性差异。

表5-2　变量分组描述性统计

变量	未搬迁农户		已搬迁农户		总体	
	均值	方差	均值	方差	均值	方差
hsz	3.98	1.05	5.37	1.43	4.66	1.43

续表

变量	未搬迁农户		已搬迁农户		总体	
	均值	方差	均值	方差	均值	方差
lfr	0.76	0.22	0.73	0.18	0.75	0.20
wlfr	0.38	0.16	0.79	0.23	0.58	0.28
totinc	46800	32286.64	66851.65	21600.73	566663.24	29259.87
totcons	15554.26	7110.37	38554.95	16379.6	28868.11	17021.30
telcons	110.16	69.04	240.11	110.5692	174.08	112.34
hedu	2.47	0.74	3	0.73	2.73	0.78
social	2.47	2.47	5.77	5.26	5.27	4.10
urbsocial	1.29	0.455	1.60	0.493	1.44	0.50
age1	0.14	0.13	0.13	0.09	0.13	0.11
age2	0.57	0.19	0.52	0.21	0.55	0.20
age3	0.19	0.18	0.21	0.18	0.20	0.18
age4	0.07	0.15	0.09	0.13	0.08	0.14
distance	5.61	1.03	12.12	5.20	8.78	4.96

Levene 检验法的检验机理是，如果显著性<0.05，则说明应当拒绝方差齐次的原假设，认为方差是不相等的；反之，如果显著性>0.05，则说明应当接受原假设，认为方差是相等的。以家庭人口数（hsz）为例，由表 5-3 可以看到 Levene 检验的显著性为 0.005（<0.05），因此应当拒绝原假设，认为方差是不相等的，因此应当看"假设方差不相等"一栏对应的 t 检验。假设方差不相等一栏的 t 检验的显著为 0.000（<0.05），因此应当拒绝原假设，认为已搬迁农户和未搬迁农户在家庭人口数方面有显著性差异。以劳动力比例（lfr）为例，Levene 检验的显著性为 0.011（<0.05），故应当拒绝原假设，认为方差不相等。假设方差不相等一栏的 t 检验的显著性为 0.337（>0.05），则应当接受原假设，认为已搬迁农户和未搬迁农户在劳动力比例方面没有显著性差异。

表 5-3　独立样本 t 检验

变量		方差 Levene 检验		均值 t 检验				
		F	Sig.	t	df	Sig.	均值差值	标准误差值
hsz	假设方差相等	8.235	0.005	−7.571	183	0.000	−1.395	0.184
	假设方差不相等			−7.533	164.422	0.000	−1.395	0.185
lfr	假设方差相等	6.617	0.011	0.960	183	0.338	0.02799	0.02915
	假设方差不相等			0.963	178.093	0.337	0.02799	0.02906
wlfr	假设方差相等	32.688	0.000	−13.981	183	0.000	−0.40777	0.02917
	假设方差不相等			−13.909	163.179	0.000	−0.40777	0.02932
hedu	假设方差相等	5.823	0.017	−4.908	183	0.000	−0.532	0.108
	假设方差不相等			−4.909	182.960	0.000	−0.532	0.108
totinc	假设方差相等	7.011	0.009	−4.948	183	0.000	−20051.648	4052.170
	假设方差不相等			−4.979	162.896	0.000	−20051.648	4027.037
totcons	假设方差相等	47.391	0.000	−12.457	183	0.000	−23000.690	1846.435
	假设方差不相等			−12.319	121.906	0.000	−23000.690	1867.110
telcons	假设方差相等	31.020	0.000	−9.621	183	0.000	−129.950	13.507
	假设方差不相等			−9.553	150.075	0.000	−129.950	13.604
social	假设方差相等	7.491	0.007	−1.635	183	0.104	−0.982	0.601
	假设方差不相等			−1.618	126.857	0.108	−0.982	0.607
urbsocial	假设方差相等	9.574	0.002	−4.477	182	0.000	−0.313	0.070
	假设方差不相等			−4.469	179.283	0.000	−0.313	0.070
distance	假设方差相等	119.035	0.000	−11.965	183	0.000	−6.558	0.548
	假设方差不相等			−11.787	97.480	0.000	−6.558	0.556
age1	假设方差相等	45.660	0.000	0.754	183	0.452	0.01218	0.01617
	假设方差不相等			0.758	164.415	0.449	0.01218	0.01607
age2	假设方差相等	0.460	0.498	1.542	183	0.125	0.04515	0.02927
	假设方差不相等			1.540	180.976	0.125	0.04515	0.02931
age3	假设方差相等	0.274	0.602	−0.639	183	0.523	−0.01716	0.02684
	假设方差不相等			−0.639	182.923	0.523	−0.01716	0.02684
age4	假设方差相等	0.329	0.567	−1.004	183	0.317	−0.02101	0.02093
	假设方差不相等			−1.006	181.810	0.316	−0.02101	0.02089

表 5-3 表示的是已搬迁农户和未搬迁农户家庭特征变量的均值的比较结果。从表 5-3 中可以看到，已搬迁农户和未搬迁农户在家庭人口数、劳动力比例、非农劳动力比例、最高受教育水平、家庭总收入、家庭总支出、家庭月度电话支出、关系较近的家庭数、关系较近的城镇家庭数、居住距离方面具有显著性差异。由于劳动力比例和非农劳动力比例，关系较近的家庭数和关系较近的城镇家庭数这两组十分相近的指标都具有显著性差异，因此在纳入方程时会比较在不同的回归模型中的解释能力。

变量之间的相关系数如表 5-4 所示。由于篇幅限制，表 5-4 只列出了和因变量相关的变量。从表 5-4 中可以看到，家庭人口数（hsz）、最高受教育水平（hedu）、非农劳动力比例（wlfr）、家庭总收入（totinc）、家庭总支出（totcons）、家庭月度电话支出（telcons）、居住距离（distance）和城镇社会资本（urbsocial）相关关系显著。

表 5-4 相关系数

	resettle	hsz	hedu	wlfr	totinc	totcons	telcons	distance	social
resettle	1								
hsz	0.488*	1							
hedu	0.341*	0.011	1						
wlfr	0.719*	0.227*	0.332*	1					
totinc	0.344*	0.241*	0.336*	0.426*	1				
totcons	0.677*	0.374*	0.409*	0.581*	0.569*	1			
telcons	0.579*	0.509*	0.157*	0.396*	0.396*	0.544*	1		
distance	0.659*	0.375*	0.159*	0.510*	0.120	0.327*	0.372*	1	
urbsocial	0.322*	0.203*	0.0580	0.156*	-0.219*	0.016	0.069	0.280*	1

注： *表示 $p < 0.05$。

三、家庭特征变量的回归分析

本部分将通过回归模型来分析上文探讨得到的具有显著差异的变量在

多大程度上影响搬迁行为。由于因变量是二元离散变量，属于二元选择模型，因此选用线性概率模型、Logit 模型和 Probit 模型分别进行回归，并交互进行验证。

1. 线性概率模型

多元线性回归模型的一般情况是：

$$y = \beta_0 + \beta_1 x_1 + \beta_2 x_2 + \cdots + \beta_k x_k + \mu \tag{5-1}$$

当 y 只能取 0 和 1 的时候，$P(y=1 \mid x)$ 是响应概率，是 x_i 的一个线性函数，这种带有二值因变量的多元线性回归模型也被称为线性概率模型（LPM）。"成功"（$y=1$）的概率 $P(y=1 \mid x) = E(y \mid x)$，参数 β_i 衡量了因 x_i 变化而导致"成功"的概率，可以得到：

$$P(y=1 \mid x) = \beta_0 + \beta_1 x_1 + \beta_2 x_2 + \cdots + \beta_k x_k \tag{5-2}$$

则"失败"（$y=0$）的概率为：

$$P(y=0 \mid x) = 1 - P(y=1 \mid x) \tag{5-3}$$

LPM 的系数估计方法是最小二乘法（OLS）估计，虽然 OLS 估计会有标准误差，但是在实际应用中，OLS 的估计仍然是可接受的。

下面两个二值响应模型可以弥补 LPM 在估计时的不足。对于二分类因变量，如果存在某个连续变量 y_i，当 y_i 大于某一个临界值（如 0）时，$y_i = 1$；否则 $y_i = 0$，记为条件概率 $P(Y_i = 1 \mid X_i)$。假设 y_i 与 X_i 之间存在线性关系：

$$y_i = a + bX_i + \varepsilon_i \tag{5-4}$$

则有：

$$P(Y_i = 1 \mid X_i) = P(\varepsilon_i \leq a + bX_i) = F(a + bX_i) \tag{5-5}$$

当 ε_i 服从 Logistic 分布时，记为 Logit 模型；当 ε_i 服从标准正态分布时，记为 Probit 模型。

表 5-5 表示的是 LMP 模型回归结果。模型（1）是单独人口指标、劳动力指标回归结果，显著的系数是农户家庭人口数（系数为 0.123）、最高受教育水平（系数为 0.090）、非农劳动力比例（系数为 1.04），此时 R^2 为 0.65。模型（2）是经济指标、社会资本指标和居住距离指标回归结果，显

著的系数是家庭总支出（系数为 0.0000127）、家庭月度电话费支出（系数为 0.00075）、家庭原居住地与城镇的距离（系数为 0.0408）和关系较近的城镇家庭数（系数为 0.195）。模型（3）和模型（4）是在模型（2）的基础上加入人口指标和劳动力指标的回归结果，区别在于模型（3）纳入方程的是劳动力比例（lfr）和关系较近的城镇家庭数（urbsocial），模型（4）纳入方程的是非农劳动力比例（wlfr）和关系较近的家庭数（social），目的是比较城镇务工经历和城镇社会关系是否对搬迁产生影响。结果显示，非农劳动力比例系数显著（为 0.609），劳动力比例不显著；社会关系中无论是关系较近的家庭数还是关系较近的城镇家庭数回归系数均显著，用任意一个指标预测均可。模型（5）是在模型（4）的基础上，用关系较近的城镇家庭数（urbsocial）代替关系较近的家庭数（social），结果显示，无论是关系较近的城镇家庭还是关系较近的家庭数回归系数均显著，再次验证在 LPM 模型中用任意一个指标预测均可。

表 5-5　LPM 模型回归结果

变量	模型（1）	模型（2）	模型（3）	模型（4）	模型（5）
hsz	0.123 *** (0.014)		0.020 (0.018)	0.527 *** (0.015)	0.043 *** (0.014)
hedu	0.090 *** (0.033)		0.066 ** (0.029)	0.060 ** (0.024)	0.041 (0.026)
lfr			−1.158 (0.101)		
wlfr	1.04 *** (0.065)			0.609 *** (0.098)	0.562 *** (0.098)
totinc		0.00000038 (0.0000008)	0.00000016 (0.0000008)	0.0000021 *** (0.000008)	−0.0000011 (0.000009)
totcons		0.0000127 *** (0.00000188)	0.0000012 *** (0.00000187)	0.00000822 *** (0.0000184)	0.00000845 *** (0.0000185)
telcons		0.00075 ** (0.0003)	0.0007 ** (0.0003)	0.0004 * (0.0003)	0.00006 ** (0.0003)

变量	模型（1）	模型（2）	模型（3）	模型（4）	模型（5）
distance		0.0408*** （0.006）	0.039*** （0.006）	0.033*** （0.006）	0.027*** （0.006）
social				0.016*** （0.005）	
urbsocial		0.195*** （0.043）	0.171*** （0.043）		0.139*** （0.038）
Sig.	0.0000	0.0000	0.0000	0.0000	0.0000
R^2	0.65	0.73	0.74	0.78	0.79
均方根误差	0.30	0.26	0.26	0.239	0.235

注：括号中的数值为标准误，*表示 $p<0.1$、**表示 $p<0.05$、***表示 $p<0.01$。

2. Logit 模型与 Probit 模型

表 5-6 表示的是 Logit 模型回归结果。模型（1）是单独人口指标、劳动力指标回归结果，模型（2）是经济指标、社会资本指标和居住距离指标回归结果。模型（3）是纳入关系较近的城镇家庭数（urbsocial）指标，模型（4）是纳入关系较近的家庭数（social）指标，目的是比较两个指标的解释力。经比较后发现，在 Logit 模型中显著的指标是家庭人口数、最高受教育水平、非农劳动力比例、家庭总支出、家庭月度电话支出、家庭原居住地与城镇的距离、关系较近的家庭数。

表 5-6　Logit 模型回归结果

变量	模型（1）	模型（2）	模型（3）	模型（4）
hsz	4.81*** （1.56）		7.46** （6.38）	5.28*** （2.82）
hedu	4.72** （3.30）		2.25 （1.64）	15.01*** （11.27）
wlfr	22174.7*** （46225.1）		50277.3*** （112259）	85711*** （316000）

变量	模型（1）	模型（2）	模型（3）	模型（4）
totinc		1.00 （0.000）	1.00 （0.000）	1.00*** （0.00）
totcons		1.00*** （0.000）	1.00** （0.003）	1.00*** （0.00）
telcons		1.01*** （0.003）	1.01*** （0.003）	1.01*** （0.004）
distance		2.57*** （0.69）	2.40* （1.18）	2.18** （0.75）
social				1.63*** （0.25）
urbsocial			1.38 （1.53）	
Sig.	0.0000	0.0000	0.0000	0.0000
准 R^2	0.68	0.85	0.93	0.95

注：括号外的数值为概率比，括号中的数值为标准误，＊表示 p<0.1、＊＊表示 p<0.05、＊＊＊表示
p<0.01。

表 5-7 表示的是 Probit 模型回归。模型（1）是单独人口指标、劳动力
指标回归结果，模型（2）是经济指标、社会资本指标和居住距离指标回归
结果。模型（3）是纳入关系较近的城镇家庭数（urbsocial）指标，模型
（4）是纳入关系较近的家庭数（social）指标，目的是比较两个指标的解释
力。经比较后发现，在 Probit 模型中显著的指标是家庭人口数、最高受教育
水平、非农劳动力比例、家庭总支出、家庭月度电话支出、家庭原居住地
与城镇的距离、关系较近的家庭数。

表 5-7　Probit 模型回归结果

变量	模型（1）	模型（2）	模型（3）	模型（4）
hsz	0.86*** （1.56）		0.92*** （0.27）	0.85*** （0.25）

续表

变量	模型（1）	模型（2）	模型（3）	模型（4）
hedu	0.7** (0.29)		0.53 (0.44)	1.25*** (0.26)
wlfr	5.20*** (0.95)		5.82*** (1.17)	8.28*** (1.74)
totinc		−0.00001 (0.000)	−0.00002* (0.000)	−0.00003*** (0.000)
totcons		0.00014*** (0.002)	0.00011*** (0.000)	0.008*** (0.000)
telcons		0.007*** (0.002)	0.007*** (0.002)	0.008*** (0.001)
distance		0.50*** (0.13)	0.39** (0.16)	0.28*** (0.14)
social				0.25*** (0.07)
urbsocia			0.084 (0.62)	
Sig.	0.0000	0.0000	0.0000	0.0000
准 R^2	0.67	0.85	0.92	0.94

注：括号中的数值为标准误，*表示 $p<0.1$、**表示 $p<0.05$、***表示 $p<0.01$。

3. 拟合分析

采用 Hosmer-Lemeshow 检验方法检验模型的拟合优度。Hosmer-Lemeshow 检验将自变量按其预测概率范围划分为10个有序组并做升序排列，第一组包括预测概率最小的那些观测案例，而最后一组包括预测概率最大的那些观测案例，比较每组实际的记录数量以及 Logit 回归模型预测的记录数量。因此，检验统计量是卡方统计量，卡方检验不显著表示模型拟合较好，相反表示模型拟合得不好。本例中 $p>0.05$，拟合效果很好。

4. 敏感性和特异性分析

搬迁的家庭中全部预测准确，未搬迁家庭中预测正确率为98.9%，特

异度为 100%，可以说明预测的结果和实际的结果没有显著性差异（p>
0.05）。

ROC 曲线反映了分析方法敏感性和特异性之间的关系，以敏感性为纵
坐标、特异性为横坐标，曲线越接近左上角，估计的准确性越高。本研究
总体的 ROC 曲线非常接近左上角（见图 5-2），说明用 Logit 回归的敏感性
和特异性都很高。

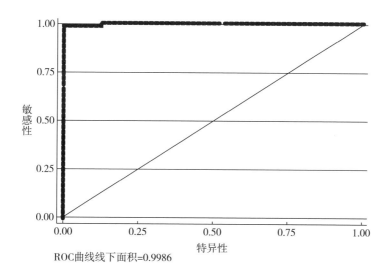

图 5-2 总体的 ROC 曲线

各个变量的 ROC 曲线和曲线线下面积如表 5-8 所示。由表 5-8 可以看
到，与对角线（参考线）相比，每一个变量的曲线都高于参考线且靠近左
上角，曲线线下面积较大且都通过了显著性检验。预测效果较好的是家庭
月度电话支出（telcons）、非农劳动力比例（wlfr），曲线线下面积超过 0.9；
其次为家庭总支出（totcons）、居住距离（distance），曲线线下面积超过
0.8；家庭人口数（hsz）、家庭总收入（totinc）两项的曲线线下面积超过
0.7 也是较好的预测效果。

表5-8 曲线线下面积

变量	面积	标准误[a]	渐进 Sig.[b]	渐近 95% 置信区间	
				下限	上限
hsz	0.781	0.034	0.000	0.715	0.847
hedu	0.685	0.039	0.000	0.609	0.762
wlfr	0.911	0.020	0.000	0.871	0.950
totinc	0.732	0.037	0.000	0.659	0.805
totcons	0.890	0.026	0.000	0.839	0.941
telcons	0.931	0.019	0.000	0.894	0.969
distance	0.860	0.033	0.000	0.794	0.925
urbsocial	0.656	0.041	0.000	0.577	0.736

注：以上变量在正的和负的实际状态组之间至少有一个结。a 表示在非参数假设下。b 表示零假设：
实际面积=0.5。

第三节 结果与讨论

一、结果

家庭人口数、最高受教育水平、非农劳动力比例、家庭总支出、家庭总收入、关系较近的城镇家庭数、家庭月度电话支出、居住距离决定了农户的搬迁能力，年龄与搬迁能力无关。其中，与搬迁能力有关的较重要的家庭特征变量为非农劳动力比例、家庭人口数、最高受教育水平、关系较近的城镇家庭数，即家庭人口越多、从事非农业劳动的人数越多、家庭成员受教育水平越高、拥有的城镇社会资本越多的农户，搬迁能力越强，家庭总支出、家庭总收入是次要影响因素。

二、讨论

1. 就业能力、适应能力与搬迁能力

就业能力和家庭最高受教育水平、非农劳动力比例有关。家庭成员受教育水平高，那么搬迁后在城镇就很容易找到工作；反之，如果家庭受教育水平低，大多从事农业工作，那么搬迁后在城镇找工作就会有一定的困难。需要注意的是，与就业能力相关的是非农劳动力比例而不是劳动力比例，这是因为城镇通常远离耕地，农户搬迁后只能选择外出务工或在本地从事非农劳动，因此，就业能力是指搬迁到城镇后非农就业的能力。

适应能力和家庭的社会资本与非农劳动力有关。社会资本是家庭能够获得外界帮助的资源，属于生计资本的一种。社会资本特别是城镇社会资本多的家庭，一般会掌握更多的信息，搬迁后在城镇找到工作的机会也更大，相对而言在城镇的适应能力就更强。他们的社会资本多在城镇，进入城镇生活后以前的社交网络资源还在，农户从心理上不会感到难以适应，因此，城镇社会资本多的家庭的城镇适应能力更强。此外，非农务工经历也能够在一定程度上减少农户对城镇的陌生感，较容易适应城镇生活；反之，如果家庭成员都以务农为主，则难以适应城镇的生活。

那么，为什么居住距离远的家庭搬迁的比例更高呢？根据笔者实际的调研结果来看，距离城镇10千米以内的家庭，由于居住地本身就离城镇不远，所以搬迁的意愿通常不强烈。而距离城镇10千米以上的家庭，地处更加偏僻的山村，自然条件恶劣，农户在本地的收入来源有限，只能靠外出务工补贴家用，根据劳动力对搬迁能力的重要影响，就可解释距离城镇远的家庭为什么搬迁比例高。

2. 经济能力与搬迁能力

经济指标对搬迁能力的影响比较特殊，虽然都在0.000的水平上显著，但是对应的影响系数却非常小，这让笔者产生了疑惑，到底经济指标（家庭总收入、家庭总支出）对搬迁行为的影响是怎样的？经济条件好的家庭的搬迁可能性到底是高还是低呢？

收入低于4万元时，绝大部分人口没有搬迁，但收入在5万~12万元时搬迁的人口要多于没有搬迁的人口，收入大于12万元时，不搬迁的人口要多于搬迁的人口。西方迁移理论认为，收入较低时，人口搬迁较少，收入中等时，搬迁的人口最多，当收入超过一定比例时，搬迁的人口减少。这说明收入不是搬迁的充分条件，而是一个必要条件，当收入过低时（如小于2万元），搬迁不会发生，因为收入无法负担搬迁成本。收入超过一定比例时，可以承担最低的搬迁成本，但是否搬迁还取决于其他因素。

相比收入，消费支出对搬迁能力的影响更加明显。当消费小于2万元时，搬迁的比例减少；消费支出超过2万元时，搬迁的比例增加。因此，用消费支出预测搬迁行为的效果要好于收入。

推拉理论认为，搬迁行为取决于居住地的推力、目的地的拉力和搬迁障碍。那么这个搬迁障碍就是搬迁能否发生的一种概括。因此搬迁可能性的高低和搬迁障碍与家庭特征有关。

（1）搬迁障碍影响着搬迁能否实际发生。根据计划行为理论，农户在产生搬迁意愿之后，会评估自己遇到的实际行为控制ABC，相较在搬迁意愿形成时的知觉行为控制PBC，这一阶段遇到的更多的是实际的障碍。根据推拉理论，人口在目的地的拉力和原居住地的推力共同作用下搬迁，但是搬迁的实际发生仍然取决于搬迁障碍。可见，搬迁行为能否实际发生取决于搬迁障碍因素的大小。

（2）农户的搬迁能力也决定着搬迁能否发生。如果家庭的经济条件不好，不能承担搬迁所需要的花费，那么即使一个家庭非常愿意搬迁，最终也因为无法支付搬迁成本而不能搬迁。

图5-3中横坐标表示搬迁能力，纵坐标表示农户搬迁发生的可能性。图中将坐标分成三个区域，区域Ⅰ表示搬迁的可能性为0，这种是搬迁能力非常低、小于克服搬迁障碍所必须的最低搬迁能力的情况，比如农户经济收入买不起安置房，或者农户完全没有在城镇谋生的就业能力，又或者完全不能适应城镇的生活环境，农户的搬迁经济能力、就业能力、适应能力

就无法克服搬迁的成本障碍、生计来源障碍与融入适应障碍。因此，搬迁不可能发生。区域Ⅱ表示农户具有较低的搬迁能力，因此搬迁可能性也较低。区域Ⅲ表示农户的搬迁能力较强，搬迁的可能性较高。当家庭搬迁能力很低时，搬迁的可能性很小，随着家庭搬迁能力的不断提高，搬迁的可能性也逐渐增大。但是需要注意的是，搬迁的可能性不是无限的增加，当搬迁能力达到一定水平时，搬迁可能性增加到一定水平后不会发生变化。

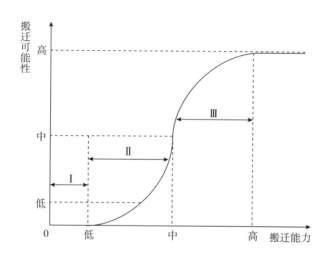

图5-3　搬迁能力与搬迁可能性

想要增加农户搬迁的可能性，将区域Ⅰ、区域Ⅱ提高到区域Ⅲ，则需要通过政策安排来提高农户的搬迁能力。在本章第三节识别出家庭搬迁能力的关键指标，即人口结构、非农劳动力比例、受教育水平、收入水平、消费水平、社会网络资本、居住距离等。可以对搬迁能力提供帮助。

（1）增加搬迁补助，提高家庭的经济能力，从而促进农户搬迁。例如，加大对贫困户购买安置房的补助、补贴贫困户的购房差价、政策兜底购房等优惠措施，可以提高农户的购房能力。

（2）提高家庭的非农就业比例，增强获得非农收入的能力。通过回归识别了搬迁能力的最主要指标之一是非农劳动力比例，能够大幅度提高农户的搬迁能力。此外，农户家庭从事非农工作的收入要普遍高于从事农业工作，也可以大幅提高农户家庭的收入能力。因此，通过农户就业政策的安排，提高农户的非农劳动力比例，能够增加搬迁能力。

（3）通过政策宣传，增强已搬迁家庭和未搬迁家庭的社会互动，并且尽量安排同村的农户在相同或距离比较近的地方安置，维护农户原有的社会关系网络。

（4）长远的政策安排，需要提高农户的受教育水平，提高他们对搬迁的正确认识和判断。

第四节　本章小结

本章主要分析了搬迁障碍、农户的搬迁能力、与搬迁能力相关的家庭特征变量。本章主要的创新点是区别了搬迁意愿与搬迁能力，界定了农户搬迁能力，并识别出与搬迁能力相关的家庭特征变量。本章的主要结论如下：

（1）山区农户的搬迁障碍主要是搬迁后找不到工作、搬迁后城镇生活成本高、搬迁成本高、搬迁后无法种地、搬迁后无法适应等。

（2）农户的搬迁能力主要包括经济能力、就业能力和适应能力。与农户搬迁能力有关的家庭特征变量主要有：家庭人口数、最高受教育水平、非农劳动力比例、家庭总收入和家庭总支出等。

（3）搬迁的可能性与搬迁能力有关。非农劳动力越多、家庭人口数越多、受教育水平越高、距离城镇中心越远、城镇社会资本越多的家庭越可能搬迁。政府通过补助、就业、教育等方面的政策安排能够提高农户的搬迁能力，从而增加搬迁的可能性。

第六章 政策对农户搬迁决策的影响分析

公共政策是政府管理社会的工具，政府通过制定政策来实现管理目标并完成任务。政策是中国国情下特有的决策要素，对农户的搬迁意愿和搬迁能力都可产生影响。以搬迁补贴为例，如果补贴数额过低，那么农户的搬迁意愿不高，或者根本搬不起；如果补贴过高，则又会对财政造成沉重的负担。不同的搬迁政策会带来不同的搬迁效果，通过改变政策，促使更多的农户搬迁，对于陕南易地扶贫搬迁是十分有意义的。本章将通过计算机平台来模拟不同政策下农户搬迁数量的变化。

根据第四章的讨论结果，政府政策通过态度、知觉行为控制的中介作用调节搬迁意愿。这并不难理解，如政府部门为搬迁农户提供就业岗位、社会保障，使农户在城镇能够有一份稳定的工作，获得稳定的生活保障，对融入城镇、适应城镇生活充满信心，其搬迁的意愿自然就高。

第一节 基于主体的模型建立背景

一、政策模拟的方法比较

政策具有高度的复杂性，"社会网络"和"人的行为"是其复杂性的根源。首先，政策的施体、受体是异质性的主体，其决策行为、利益、目标等都有明显的差异，且彼此间存在影响，传统的统计分析无法模拟各个异质主体的行为过程。其次，政策依赖于"政策环境"，传统的统计分析无法反映"政策环境"。最后，政策的演进并不只是简单的"1+1=2"的效果，而是随着时间的推移不断演进的，是各个主体之间相互作用自下而上"涌现"形成的效果，基于时间的"涌现"现象也是传统的统计分析无法模拟的。总的来说，对于政策的复杂性，传统的统计计量模型束手无策。

政策模拟（Policy Simulation，又译为政策仿真）是伴随政策的复杂性而生的，随着计算机技术的发展被应用在社会科学上。一般认为，政策模拟引入我国的时间为 20 世纪 80 年代中期。娄成武和田旭（2013）利用知网对我国 594 篇公共政策模拟文献进行分析后发现，公共政策的仿真方法主要为系统动力学建模、基于主体建模、数值仿真模拟、BP 神经网络模型仿真、计量经济学方法等，涉及经济、科技、社会、政治、法律等政策领域。政策模拟运用的计算机语言工具，包括 Vensim、DYNAMO 等系统动力学建模工具，Swarm、Repast、NetLogo、Starlogo 等可以用于基于主体的建模仿真，而 Matlab 主要应用于神经网络和元胞自动机的仿真。

计量统计方法主要是通过因子之间的相关关系和线性因果链对政策效果进行解释，无法知道政策各主体之间的复杂互动关系。系统动力学（S-D）政策模拟，是基于由函数关系组成的反馈回路来模拟政策结果，对于宏观政策而言，就是对政策与政策结果通过反馈回路进行宏观模拟，但是无法解释政策受体之间互动关系的涌现效果，特别是各主体之间的社会网络互动、传递关系。基于主体的模型应用于政策模拟，则能够通过建立主体之间的行为机制，反映出主体之间互动涌现出的政策效果，将微观行为与宏观效果联系起来，通过主体规则仿真主体行动和多主体的内生互动，实现了自下而上的政策结果的涌现（见表 6-1）。

表 6-1　政策模拟工具比较

项目	数值建模	系统动力学	基于主体的模型
简单线性关系模拟	可以	可以	可以

续表

项目	数值建模	系统动力学	基于主体的模型
复杂非线性关系模拟	可以	可以	可以
复杂适应系统模拟	不可以	可以	可以
主体之间的社会互动模拟	不可以	不可以	可以
主要工具	Matlab、R 等	Vensim、DYNAMO、iThink、Powersim 等	Swarm、Repast、NetLogo、Fables、AnyLogic 等
主要应用领域	金融、财政、宏观经济等政策	经济、社会、科技等政策	经济、社会、科技、安全、交通等政策

基于主体的模型（Agent Based Model，ABM）目前被用于包括复杂适应系统（CAS）在内的多个领域，包括重在仿真主体之间行为过程的 ABMS（Agent-Based Model Simulation）和以微观经济模型为基础实验主体的 ACM（Agent-based Computional Model）。其广泛应用于制造业、顾客行为和市场营销、创新扩散、军事等多个领域。

Moss 等（2000）运用基于主体的模型构建了利益相关者水需求模型，对于水需求政策分析来说是一个很好的工具。Haber（2008）认为，利用基于主体的模型模拟宏观货币和财政政策能够更精细地对经济异质性主体之间的相互作用和机制进行建模，是一个强有力的政策评估工具。van Berkel 和 verburg（2012）运用基于主体的模型构建了政策制定者和利益相关者对发展规划政策的参与式讨论框架。Fagiolo 和 Roventini（2012）系统综述了基于主体的计算经济学应用于政策分析的方法论地位、特点以及面临的问题。Berger（2015）运用多主体（Multi-agent）和元胞自动机（Cellular Automata）方法建立了一个用于评估创新扩散和资源使用变化的基于主体的空间规划模型，模拟了主体之间的社会—空间交互。Zavalloni 等（2015）运用基于主体的模型建立了农村政策、农民、游客、生态系统服务供给需求之间的反馈回路模型。

利用计算机建模仿真技术解决社会问题是一个较新的应用领域，旨在运用计算机建立的"世界"模拟真实世界，以便通过仿真实验了解其行为。基于主体的模型以系统的思想为指导，以社会系统为实验对象，从系统的角度运用数学、心理学、计算机科学研究社会系统演化规律、社会系统与环境交互原理，模拟微观主体的相互作用"涌现"出的宏观的、复杂的社会现象（见图6-1）。

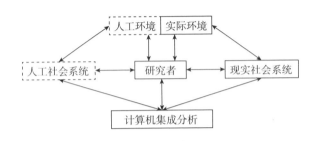

图6-1　基于主体的模型

资料来源：盛昭瀚等：《社会科学计算实验理论与应用》，上海三联书店2009年版。

在对复杂社会现象进行研究时，受限于社会系统各个复杂因素和人的不可控因素，常常无法进行真实的实验操作。而通过计算机建立"人工社会"，其中的各个"人工主体"在计算机构造的虚拟环境下学习、相互作用，可使社会微观主体行为和宏观表现之间建立联系，模拟社会主体之间的相互作用、整体"涌现"以及系统演化过程。

基于主体的模型的思想最初形成于20世纪40年代，但受限于当时的计算机技术并没有得到推广和应用。1990年后，Startlogo、Swarm、NetLogo、Repast、AnyLogic、GAMA等语言陆续问世，基于主体的模型借助计算机编程语言的发展逐渐得到推广。

基于主体的模型用于政策分析主要是模拟宏观经济政策、创新扩散、农业农村政策等。运用基于主体的模型进行政策分析的方法特别适用于探讨政策作为外部因素对各个异质性主体行为的影响，以及各个异质性主体之间互动对宏观政策产生的影响，揭示复杂的社会经济现象。基于主体的模型需要建立主体之间的行为规则、决策机制、互动方式等，体现"自底向上"的微观互动涌现出宏观规律的过程，是政策分析的有效工具（Dawid，2018）。

二、本书模拟方法选择

本章研究的目的是为了更好地了解陕南地区的移民搬迁主体——农户，在现有政策下的搬迁决策和搬迁行为，通过分析农户自身的家庭特征、收入特点和搬迁意愿，并加入政策因子，模拟各种政策下的农户搬迁数量。本书不仅可以在理论上为研究者提供农户移民搬迁的内部决策机理，而且可以在实践上为政策制定者提供参考，为促进搬迁提供政策支持方向。

其他的非基于主体的政策模拟，一般不涉及政策受体之间社会互动的作用。但是，陕南地区易地扶贫搬迁政策的受体是居住在行政村、具有异质性的农户，农户之间的搬迁行为会相互影响。特别是村庄里一些有影响力的个人，他们的搬迁行为会影响其他农户，甚至改变其他农户原先的想法。此外，如果同村大部分农户都选择搬迁，也会对没有搬迁的农户形成一定的示范效应，这种示范效应对农户的搬迁意愿会产生一定的影响。因此，考察政策的执行效果必须考虑社会网络互动的影响。根据前文对政策模拟工具的比较，对于由异质性主体之间的社会网络互动行为"涌现"出的宏观政策执行效果，适宜用基于主体的模型进行模拟。

使用基于主体的模型进行政策模拟的主要目的是：

（1）更好地了解农户主体的搬迁决策行为，并用程序编写的形式将决策启动—意愿形成—搬迁发生的全过程反映到主体的行为规则上。

（2）模拟实际的社会网络互动下，农户搬迁决策和行为的全过程。

（3）在不同的政策条件下，考察农户搬迁数量的变化，对政策的改进提出建议。

第二节　模型概述

一、模拟原理

根据第三章的"W-A-P"模型可知,农户搬迁决策受到搬迁意愿、搬迁能力的影响,以及政策的调节。根据第四章对搬迁意愿的研究可知,搬迁意愿受到环境因素、心理因素、预期因素、家庭因素的影响。根据第五章对搬迁能力的研究可知,搬迁能力受到家庭人口数、最高受教育水平、非农劳动力比例、家庭总支出、关系较近的家庭数等家庭特征变量的影响。政策的调节主要体现在提供搬迁补助、提供基础设施配套资金、提供产业就业配套资金上。通过基于主体的模型,以政策变量的改变模拟农户的搬迁行为决策。

农户的搬迁行为决策共有以下几个阶段。

(1)决策启动。在本阶段,农户主要是受到居住环境的影响。如果农户感受到了负的地方效用,那么他们才会进一步考虑搬迁。在本模拟实验中,采用的数据是农户对环境压力的感知结果,95%的人口都感知到了环境的压力。

(2)搬迁意愿形成。在本阶段,农户受到环境、政策、预期、心理、家庭等方面因素的影响,形成最初的搬迁意愿。随后还会有政策的改变,以增加搬迁的意愿,当意愿达到搬迁的最低意愿时,搬迁决策就启动了。

(3)搬迁能力形成。在本阶段,具有搬迁意愿的家庭需要"核查"自己是否达到了搬迁的最低要求,如果达到了搬迁的最低要求,则就有可能会搬迁。至于这个可能性的大小,是根据第五章的已搬迁、未搬迁的家庭特征回归系数决定的,具有某些特征的家庭的搬迁可能性高。因此,家庭是否搬迁由一个随机的概率决定的。

（4）搬迁时限。陕南地区易地扶贫政策的实施期是 2011 年到 2020 年，农户需要在 10 年的时间内完成搬迁，因此本实验的时间基本设定为 10。当然，由于"十二五"和"十三五"时期易地扶贫政策的补助力度不同，因此，政策实施的前五年的政策和后五年的政策分别由时间命令控制。

（5）社会互动。农户和农户之间由代表着社会网络关系的无向链相连接。根据农户行为规则的假设，当和农户有社会网络关系的成员的搬迁达到了一定比例，那么原本没有达到最低搬迁意愿的农户也会逐渐转变意愿。

（6）政策改变。在本实验中，一共设置了搬迁补助、基础设施配套资金、产业就业配套资金、社会网络等政策变化，以观察者的身份对农户的搬迁数量进行计算机平台模拟，在搬迁补贴和基础设施部分还计算了按户补贴和按人补贴分别投入数额，达到了控制投入总成本的目的。

二、平台介绍

基于主体的模型可以在多种平台上运行，如 Swarm、Repast、NetLogo、Fables 等。其中，NetLogo 具有跨平台运行、功能可编程控制、语法结构简明清晰、内置大量原语、画图功能强大、行为空间重复模拟等多种特点，在社会系统建模中的应用颇为广泛。

NetLogo 是一个用来对自然和社会现象进行仿真的可编程建模环境，通过 Java 语言实现，可以在 Mac、Windows、Linux 等多个操作系统中运行。NetLogo 由 Uri Wilensky 教授于 1999 年发起，特别适合对随时间演化的复杂系统进行建模。建模"观察者"能够向千百万个独立运行的主体发出指令，宏观结果是由许多个体之间的交互涌现出来的。本研究采用 NetLogo 5. 3. 1 进行模拟。

三、主体设定

本研究的对象是农户、农户之间的社会网络关系、目前居住地、搬迁目的地的空间位置。具体而言，以海龟（代理主体）表示农户家庭，用无向链表示主体之间的社会网络关系，用区分左右界面的瓦片代表居住地和目的地。主体在瓦片上移动表示搬迁行为。

本研究的第一个主体是待搬迁的农户，也就是具有不同特征的主体。这些农户又分为具有影响力的主体和一般的主体。具有影响力的主体，又称为VIP，会对与他有社会网络关系的主体的搬迁决策产生较大的影响；已搬迁的主体，也会对与他有社会网络关系的主体的搬迁决策产生一定的影响。主体根据自身的行为规则、周围主体的行为规则，以及政策变化自主决策是否搬迁。

第二个主体是环境主体。在本章的模拟中，共有两个环境，一个是农户初始居住的山区环境，另一个是农户选择迁入的安置区环境。

第三个主体是社会网络关系主体。这是农户在农村形成的社会关系网，是一种社会资本，农户跟周围的主体随机产生社会网络关系。这些与他有社会网络关系的主体会直接影响到农户的搬迁决策行为。

第三节　实验设计

易地扶贫搬迁的政策安排主要有以下几类：

（1）搬迁购建房补助政策。搬迁购建房补助政策是易地扶贫搬迁的核心政策，从全国的政策范围上看，人均建房补助标准在2万元左右。陕西省规定，对集中安置的，建房补助每人2.5万元；对分散安置的，建房补助每人1.5万元。在城镇购买安置房是实现搬迁的第一步，有了房子才能解决人往哪里搬的问题，搬迁补助额的不同，导致农户的搬迁意愿也不同。此外，在农户搬迁能力一定的情况下，如果搬迁购房补助额充足，农户才有可能搬迁，如果搬迁补助额不足以支撑农户在城镇购买安置房，农户则不会搬迁。

（2）就业安置政策。一般而言，有三种主要的就业安置方式。一是促进易地扶贫搬迁农户转移就业，确保搬迁后一个家庭至少实现一人稳定就业。对有意愿在县（镇）内从业的人员，由政府协调就近在社区工厂、社区公益岗等就业，对有意愿到县外、省外就业的搬迁户，通过省际劳务协作组织劳务输出。二是扶持易地扶贫搬迁贫困户自主创业。搬迁户可优先入园创业，符合条件的还可享受创业担保贷款贴息、一次性创业补贴等优惠政策，以及创业指导服务。三是加强易地扶贫搬迁户技能培训。对于符合条件且有培训意愿的搬迁户，确保每个家庭至少接受 1~2 项技能培训，使搬迁户在就业市场上更有竞争力。一般情况下，只有能够让搬迁后的家庭稳定就业，获得稳定的收入来源，农户才会考虑搬迁。

（3）基础设施配套政策。陕西省对于基础设施配套建设区分了"小配套"和"大配套"，集中安置小区规划红线之内、单体建筑物 2 米之外的公共道路、电力通信、给排水管道及环卫设施属于"小配套"，规划红线之外的给排水管道、环卫、防洪及公共服务设施等属于"大配套"。如果安置区的基础设施配套相对完善，农户可以享受到更加便利的生活，则农户更愿意搬迁，相反，如果安置区的基础设施不完善，则会影响农户的搬迁决策。

（4）社会类其他政策。例如，整村搬迁，保留农户原有的社会网络关系等。

一、实验 1：改变按户补助数额

实验 1 按照每户补助量的多少的变化，按照 [50000　2000　200000]（起步 5 万元，步长 2000 元，最大值 20 万元）的变动趋势，即初始值 5 万元/户，每次增加的步长为 2000 元/户，最大模拟值是 20 万元/户，模拟搬迁补助变化下的搬迁人数比例和搬迁总投入的变化。

搬迁人数比例：为搬迁的人口数占总人口数的比例。需要核查农户搬迁意愿、核查搬迁可能性、核查搬迁资金是否足够搬迁，以一定的可能概率搬迁。搬迁总投入：是政府对移民搬迁的总投入，包括搬迁补贴、基础设施和产业配套总投资和"交钥匙"工程的全部投入。

二、实验 2：改变按人补助数额

Z 县执行的政策是：建档立卡贫困户集中安置补助 2.5 万元/人；土地腾退复垦补助 1 万元/人，这部分资金兑现到户；基础设施和公共服务设施配套补助 2 万元/人，这部分资金统筹使用。

实验 2 按照每人补助［20000　1000　50000］的变动趋势，即初始值 2 万元/人，每次增加的步长为 2000 元/人，最大模拟值是 5 万元/人，模拟搬迁补助变化下的搬迁人数比例和搬迁总投入的变化。

搬迁人数比例：为搬迁的人口数占总人口数的比例。需要核查农户搬迁意愿，核查可能性，核查搬迁资金是否足够搬迁，并以一定的可能概率搬迁。搬迁总投入：是政府对移民搬迁的总投入，包括搬迁补贴、基础设施和产业配套总投资及"交钥匙"工程的全部投入。

三、实验 3：改变基础设施配套资金数额

按户补助，产业就业和基础设施配套资金是 7 万元/户；按人补助，基础设施配套资金是 2 万元/人。本实验就是以按户补助和按人补助两种方式改变基础设施补助额来比较搬迁人数的变化。

按户补助：分别设置搬迁补助为 8 万元/户、10 万元/户、15 万元/户，基础设施配套资金从 1 万元/户到 10 万元/户变化，模拟搬迁人数的变化。

按人补助：分别设置搬迁补助为 2 万元/人、2.5 万元/人、3.5 万元/人，基础设施配套资金从 0.5 万元/人到 4 万元/人变化，模拟搬迁人数的

变化。

四、实验4：改变产业就业配套资金数额

通过改变产业就业配套资金数额，反映非农劳动力务工收入的变化，比较搬迁人数的变化。产业配套资金数额从 1 万元/人到 10 万元/人变化，搬迁补助按照 2 万元/户、8 万元/户、12 万元/户、15 万元/户四个数额设定，模拟搬迁人数的变化。

五、实验5：改变社会网络

随机网络的密度从 0.01 到 0.4 变化，搬迁补助按照 2 万元/户、8 万元/户、12 万元/户、15 万元/户四个数额设定，模拟搬迁人数和采纳搬迁人数的变化。此外，还将模拟搬迁的时间跨度延伸到 30 年，比较搬迁人数随时间的变化。

第四节　模型实施

一、模型运行前后界面

1. 模型运行前界面

模型运行前界面如图 6-2 所示。

（1）界面。界面是一个 20×16 的长方形瓦片，可以称为"世界"。环境被一道"墙"分隔为左右两部分，在界面右边是农户的原居住地，左边代表农户迁入地。

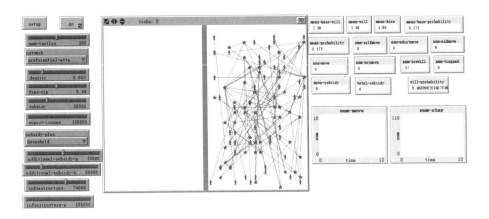

图6-2 模型运行前主体界面

（2）普通的农户主体。大部分的"海龟"形状的主体代表农户。在搬迁初始阶段，他们随机分布在界面的右边，随着时间的推移，普通农户主体"搬迁"到界面左边。

（3）VIP农户主体。VIP是村庄里相对有影响力的农户群体，在图中显示为"五角星"形状。在搬迁的初始阶段，他们也随机分布在界面的右边。随着时间的推移，VIP农户主体"搬迁"到界面左边。

（4）社会网络。在图中表示为各个主体之间的无向链。代表农户主体的社会关系形成的随机网络。网络密度越高，农户之间的联系越紧密。

（5）左侧属性滑动条。它包括政策滑动条和海龟属性滑动条，后面会详细介绍每一个滑动条代表的含义。

（6）右侧监测框和绘图区。右边的上半部分是程序运行时监测的指标，下半部分是运行时搬迁和没有搬迁的数量绘制的图像。后面会详细介绍每一个监测框和绘图区的具体含义。

2. 模型运行后界面

模型运行后界面如图6-3所示。

（1）普通搬迁。农户依据政府搬迁补助政策后自由选择搬迁的家庭，出现在界面的左边。根据陕西省"十三五"前期补助政策，集中安置的，每户补助4.5万元，选择高层、小高层、多层进行楼房化安置的，每户再给

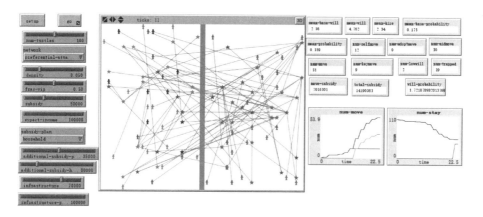

图 6-3 模型运行后界面

予 0.5 万元的奖励性补助。

（2）采纳搬迁。采纳搬迁是基于主体的模型进行模拟的效果，表示本来搬迁意愿不高的农户受社会网络关系影响由"不愿搬迁"转变为"愿意搬迁"的过程。采纳搬迁的农户出现在界面的左边。

（3）"交钥匙"工程搬迁。"交钥匙"是政府为五保户、特困户专门制定的搬迁政策，对于五保户和孤寡老人，按照规定面积，由政府免费提供住房。在 Z 县，家庭人均收入低于 3015 元/月的家庭，均可以享受此政策。"交钥匙"工程搬迁的农户出现在界面的左边。

（4）"困住"的人口。这部分人口是指虽然有搬迁意愿，但由于家庭财力不足而无法搬迁的家庭，即想搬迁而未搬迁的人口，出现在界面的右边。

（5）其他没有搬迁的家庭。这部分人口是搬迁意愿较低的家庭，出现在界面的右边。

二、属性滑动条

1. 政策滑动条

政策滑动条如图 6-4 所示。

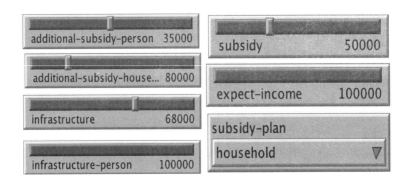

图 6-4   政策滑动条示意

"subsidy"是"十三五"时期的补助政策滑动条。根据陕西省"十三五"前期补助政策，集中安置的每户补助 4.5 万元，选择高层（小高层）安置的每户再给予 0.5 万元的补助。通过改变滑动条来改变补助金额，数字越大表示"十三五"时期的补助金额越多。

"subsidy-plan"是补助计划选择框，用于控制"十三五"时期的搬迁补助方式，共有两个选项：一种是"household"，表明在"十三五"时期选择按户补助的方式；另一种是"person"，表明在"十三五"时期选择按人补助的方式。

"additional-subsidy-household"是"十三五"时期按户搬迁补助金额的滑动条。每户建房补助 7 万元，加上宅基地复垦后的 1 万元补助，共 8 万元。通过改变滑动条来改变按户搬迁补助的数额，数字越大表示"十三五"时期按户补助的金额越多。

"additional-subsidy-person"是"十三五"时期按人搬迁补助金额的滑动条。建房补助 2.5 万元，加上宅基地复垦后的 1 万元补助，共 3.5 万元。通过改变滑动条来改变按人搬迁补助的数额，数字越大表示"十三五"时期按人补助的金额越多。

"infrastructure"是按户统筹使用的基础设施配套金额的滑动条。通过改变滑动条来改变按户统筹使用的基础设施配套金额，数字越大表示"十三五"时期按户统筹使用的基础设施配套金额越多。

"infrastructure-person"是按人统筹使用的基础设施配套金额的滑动条，按照2万/人的标准统筹使用。通过改变滑动条来改变按人统筹使用的基础设施配套金额，数字越大表示"十三五"时期按人统筹使用的基础设施配套金额越多。

"expect-income"指产业就业配套资金数额。搬迁之后的农户主要从事非农业劳动，可以依托本地产业就业，或者在产业园区工作。当然，各地政府也会对农户进行培训，提高农户外出务工的技能。因此，产业就业配套资金指的是政府为了使农户搬迁后通过就业创业达到预期收入而配套的资金。

2. 海龟属性滑动条

海龟属性滑动条就是控制海龟变量的滑动条，如图6-5所示。

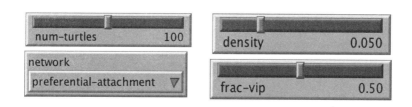

图6-5　海龟属性滑动条示意

"num-turtles"是控制整体海龟数量的滑动条，数量范围为0～200。

"network"是选择框。这是社会网络结构的选择器，共有两个选项。"preferential-attachment"表示农户之间的社会网络是偏好接触网络，"random"表示农户之间的社会网络是随机网络关系。

"density"是控制随机网络密度的滑动条，数字越大表示海龟的社会网络关系越复杂。

"frac-vip"是控制VIP海龟比例的滑动条，数字越大表示VIP海龟的数量越多。

3. 监测框

监测框如图6-6所示。

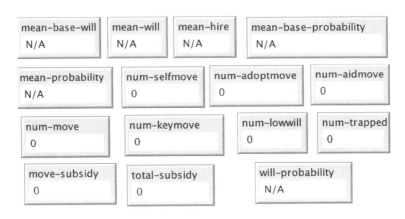

图 6-6　监测框示意

"mean-base-will" 是所有海龟的初始意愿。

"mean-will" 是海龟搬迁政策实施后的平均意愿。

"mean-hire" 是平均一个家庭的雇用人数。

"mean-base-probability" 是搬迁初始的可能性。

"mean-probability" 是搬迁政策实施后海龟的平均搬迁可能性。

"num-selfmove" 是"十二五"时期搬迁的海龟数量。

"num-adoptmove" 是采纳搬迁的人数。

"num-aidmove" 是"十三五"时期搬迁的海龟数量。

"num-move" 是总共搬迁的海龟数量。

"num-keymove" 是通过"交钥匙"工程搬迁的海龟数量。

"num-lowwill" 是搬迁意愿较低的海龟数量。

"num-trapped" 是由于搬迁资金不足而被困住无法搬迁的海龟数量。

"move-subsidy" 是政府部门对自主搬迁的农户一共投入的金额。

"total-subsidy" 是总搬迁补助额，包含自由搬迁补助和"交钥匙"工程补助。

"will-probability" 是决定海龟是否搬迁的可能性意愿×行为的数值。

4. 绘图区

图 6-7（a）表示的是已搬迁的海龟数量。终点值最高的线条是搬迁的

总人数，终点值最低的线条是"十二五"时期搬迁的海龟数量，终点值居中的线条是"十三五"时期搬迁的海龟数量。

图 6-7（b）表示的是没有搬迁的海龟数量。起始值为 110 的线条是没有搬迁的海龟的总体数量，起始值为 0 的线条是搬迁能力不足而被"困住"的海龟数量。

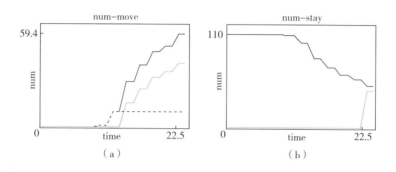

图 6-7　绘图区示意

三、决策过程

1. 行动者的决策初始阶段

一定数量的农户居住在农村（原居住地），自身有初始搬迁意愿，并且有初始搬迁行为可能性，随机分布在距离城镇中心远近不一（0~20 千米）的地方居住。

2. 行动者的决策阶段

从某一年开始实施移民搬迁计划，由政府提供一定数额的搬迁补助，提供就业岗位，并修建好安置房，鼓励农户从农村搬迁至城市居住。由于政策的实施会影响农户的搬迁意愿，同时雇用劳动力数量的变化会提升农户搬迁的可能性，因此农户重新决策是否搬迁。一部分家庭会在补助政策的影响下选择搬迁，另一部分家庭则选择观望。如果继续加大政策支持力度，会有更多的农户选择搬迁。当然，有搬迁意愿的农户不一定会选择搬迁，这还与他们能否负担搬迁成本，以及自身的搬迁可能性有关系。此外，农户还会受到社会网络关系的影响，就观望的农户来看，如果他们的社会网络关系中有人已经搬迁，其就会受到一定的搬迁影响。具体而言：搬迁意愿=初始意愿+政策实施后提高的意愿，搬迁意愿达到一定水平后才进入搬迁决策阶段，未达到这一水平就继续观望。搬迁可能性=F（家庭变量），由搬迁家庭的社会经济学变量决定。

农户的决策流程如图6-8所示。

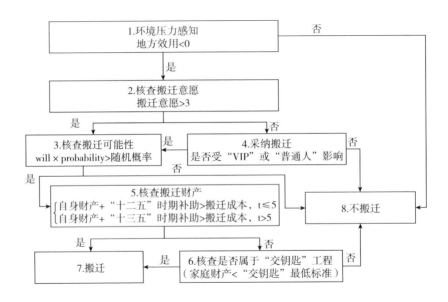

图6-8　搬迁决策流程

资料来源：笔者绘制。

（1）负的地方效用与压力感知。当地方效用为负的时候，才进入决策启动阶段，否则会原地不动。

（2）核查搬迁意愿。搬迁意愿是否超过3。第四章将人口搬迁意愿划分为1~5五个等级，1为完全不愿意搬迁、2为不太愿意搬迁、3为一般、4为比较愿意搬迁、5为非常愿意搬迁。只有当对搬迁不排斥，超过"一般"的水平时才会核查搬迁可能性，否则进入步骤4采纳搬迁。

（3）核查搬迁可能性。搬迁可能性是由搬迁意愿和家庭行为属性共同决定的，搬迁意愿的取值范围为 1~5，行为属性是由家庭人口数、最高受教育水平、家庭原居住地与城镇的距离等共同决定的，取值范围为 0~1。他们相乘得到的数值是 0~5 的小数，需要与 0~5 的一个随机概率进行比较，如果在规定的时间内超过了这个随机数，那么进入步骤 5。

（4）采纳搬迁。采纳搬迁是农户根据社会网络关系成员的搬迁情况决定自己的搬迁行为的一种方式。VIP 对他们的影响要大一些，普通人对他们的影响小一些。

（5）核查搬迁财产。本阶段分为两个小阶段，在"十二五"时期（t≤5 时），农户的搬迁财产应当等于自身的财产加"十二五"时期的按户补助；在"十三五"时期（t>5），农户的搬迁财产应当等于自身的财产加"十三五"时期的补助。如果搬迁的财产大于搬迁的最低成本，农户会进入步骤 7，否则，进入步骤 6。

（6）核查是否属于"交钥匙"工程帮扶对象。如果家庭的状况满足"交钥匙"工程的资助规定，那么海龟会直接搬迁到界面左侧的安置区。

（7）移动。满足前 5 个步骤的海龟（具有搬迁意愿、搬迁行为可能性较高、搬迁资产满足）移动到界面的左侧安置区。

（8）继续待在原处。不满足以上决策条件的海龟则继续待在原居住地，即在界面的右侧。

3. 行动者的决策结束阶段

政策实施以 15 年为期，原先居住在同一个地方的农户出现了两极分化，一部分搬去了城镇，另一部分仍然居住在农村。统计搬迁与未搬迁的人口数量，进行分析。

四、过程模拟

1. 参数设定

可改变的参数包括：主体的数量，社会网络类型（偏好接触、随机），随机网络密度，VIP比例，搬迁成本，初始搬迁补助，额外搬迁补助，安置区基础设施配套资金，产业就业配套资金（见表6-2）。

表6-2　初始参数

变量名	含义	类别	取值
num-turtles	主体的数量	连续	本例设定为100
network	社会网络类型	二项	偏好接触网络和随机网络
density	随机网络密度	连续	本例设定0.05
frac-vip	VIP比例	连续	本例设定0.1
cost	搬迁成本	连续	本例设定 [30000　200000]，步长10000
subsidy	初始搬迁补助	连续	本例设定 [40000　80000]，步长5000
additional-subsidy	额外搬迁补助	连续	本例设定 [0　200000]，步长5000
infrastructure	安置区基础设施配套资金	连续	本例设定 [0　1]，步长0.1
expect-income	产业就业配套资金	连续	本例设定 [0　100000]，步长5000
move?	主体是否搬迁	逻辑	False
trapped?	主体是否无法搬迁	逻辑	False
will	搬迁意愿	连续	初始为base-will
base-will	初始搬迁意愿	常数	由环境因素、心理因素、预期因素等决定
max-will	最大搬迁意愿	常数	5
min-will	最小搬迁意愿	常数	1
probability	搬迁可能性	连续	初始为base-probability
base-probability	初始搬迁可能性	常数	由家庭人口数、最高受教育水平、非农劳动力比例、生命周期事件等决定
max-probability	最大搬迁可能性	常数	1
min-probability	最小搬迁可能性	常数	0
env	环境因素	连续	符合标准正态分布
psy	搬迁的心理因素	连续	符合标准正态分布
expect	搬迁的预期因素	连续	符合标准正态分布
hsz	家庭人口数	连续	取值范围为 [2　7]
hedu	最高受教育水平	连续	取值范围为 [1　4]
wlfr	非农劳动力比例	连续	取值范围为 [0　1]
num-hired	受雇用的人数	连续	取值范围为 [0　家庭最大人口数]

变量名	含义	类别	取值
social	社会网络关系户数	连续	根据社会网络类型的不同随机产生
lc	生命周期事件	连续	满足 λ 为 0.28 的泊松分布
assets	家庭财产数	连续	初始等于 base-assets
base-assets	家庭最初财产数	常数	（46800　32284.6）正态分布（最小值为0）

2. 子模型的建立

（1）子模型1：建立"瓦片"。将"世界"设为20×16的界面，并且将界面一分为二，右半部分作为农户原居住地山区，左边代表安置区的近镇中心地带。为了让界面和纸张的颜色接近，将"世界"设为白色。

（2）子模型2：创建社会网络关系。在本研究中，假设有两种社会网络关系，一种是随机网络，另一种是偏好接触网络。在两种情况下，建立了数量为100的海龟，将海龟是否搬迁和是否无法搬迁两个逻辑变量都设为 False。

（3）子模型3：初始意愿。根据第四章的结论，搬迁意愿与环境因素、预期因素、心理因素和家庭因素（家庭人口数、非农劳动力比例和生命周期事件）有关，因此，将搬迁意愿表达为这些因素的函数。根据第四章的回归结果，将初始意愿表示为：

$$base\text{-}will = p_{w1} \cdot env + p_{w2} \cdot psy + p_{w3} \cdot expect + p_{w4}p \cdot hsz + p_{w5} \cdot wlfr + p_{w6} \cdot lc$$

$$(6\text{-}1)$$

其中，$bas\text{-}ewill$ 为初始意愿；env、psy、$expect$ 分别表示环境因素、心理因素和预期因素，这三个因素经过因子分析后，符合均值为0方差为1的标准正态分布；hsz、$wlfr$、lc 分别表示家庭人口数、非农劳动力比例和生命周期事件（家庭中是否有上学或结婚的成员），根据实际的情况取值，p_{w1} 到 p_{w6} 分别表示搬迁意愿的系数。

（4）子模型4：初始搬迁行为可能性。根据第五章的结论，搬迁的能力是比较已搬迁家庭和未搬迁家庭的差异得出的。根据 Logit 回归模型，搬迁可能性与家庭人口数、最高受教育水平、非农劳动力比例、居住距离、社会网络关系有关。搬迁初始可能性可表示为：

$$base\text{-}probability = p_{b1} \cdot hsz + p_{b2} \cdot hedu + p_{b3} \cdot wlfr + p_{b4} \cdot distance + p_{b5} \cdot social$$

$$(6\text{-}2)$$

其中，$base\text{-}probability$ 表示初始搬迁行为可能性；$hedu$、$distance$、$social$ 分别表示最高受教育水平、家庭原居住地与城镇中心的距离以及社会网络关系户数；p_{b1} 到 p_{b5} 分别表示搬迁行为可能性的系数。

（5）子模型5：提高搬迁意愿。由第四章可知，搬迁意愿除了受环境因素、心理因素、预期因素、家庭因素的影响外，还受到政府政策的影响。因此，在搬迁政策实施之前的意愿是初始意愿，搬迁政策实施后增加搬迁补助和产业就业配套资金数额又可提高农户的搬迁意愿。

（6）子模型6：提高搬迁可能性。由于搬迁可能性与农户家庭特征有关，就业投入提高了非农劳动力就业比例，提升了农户的就业能力，进而提高了搬迁可能性。

（7）子模型7：增加被雇用人数。政府部门可通过提供公益岗位或者加大技能培训推进劳动力转移就业的方式增加家庭中被雇用的人数，非农劳动力比例相应地也会提升。

（8）子模型8：主程序"决策"过程。①核查搬迁意愿。核查搬迁意愿是否超过最低搬迁意愿，如果是，则考虑搬迁，如果没有，则继续观望周围社会网络关系成员的搬迁行为。搬迁意愿有5个等级，当意愿至少超过3（一般）的时候，才会进入核查搬迁可能性阶段；否则，则会进入受社会网络关系影响的采纳搬迁阶段。②核查搬迁可能性。如果搬迁意愿达到最低搬迁意愿，并且搬迁可能性大于最低搬迁可能性，则进一步核查家庭财产。如果家庭财产加上补助财产大于搬迁成本，则搬迁。可能性的取值范围是 ［0　1］，由家庭特征变量决定。将搬迁的可能性和 ［0　1］ 之间的随机概率进行比较，如果大于这个随机概率，那么有搬迁意愿的家庭则会考虑搬迁，进入核查搬迁财产的阶段。③采纳搬迁。搬迁意愿不高的农户原本不会搬迁，但是根据社会网络的传递作用，其主要的社会网络关系成员的搬迁行为会影响其搬迁意愿。这里的社会网络关系分为 VIP 和普通人，VIP 就是村庄里比较有话语权、影响力较大的人，普通人的搬迁行为也会影响其他农户的搬迁意愿，只是影响相对较小。社会网络关系对家庭搬迁决策的影响是不一样的，将 VIP 的影响权重设为 0.5，普通人的影响权重没有VIP 大。④核查财产。如果家庭的财富高于搬迁所需的最低成本 cost，则选择搬迁。搬迁的财富是家庭原有的财富积累加上搬迁补助，由于搬迁补助有按户、按人两种方式，因此，最终的财富表达式也有两种。

（9）子模型 9："交钥匙"工程搬迁。在 Z 县家庭收入低于 3015 元/人的家庭，属于贫困家庭。这样的家庭采用"交钥匙"搬迁，即直接提供住房，让农户搬进去居住。

（10）子模型 10：搬迁。如果搬迁可能性大于 [0　1] 之间的随机数，则搬迁到城镇。一旦家庭有搬迁的意愿和搬迁的可能性，那么他们就会由原居住地搬到安置地，在界面上则由界面右边的原居住地搬迁到界面左边的安置区。

第五节　模拟结果

1. 按户搬迁补助模拟结果

如图 6-9 所示，横坐标代表按户补助的搬迁补助额，纵坐标代表搬迁比例。当搬迁补助从户均 5 万元增长到 20 万元时，对应的不同搬迁比例。当搬迁补助为 13 万元/户时，搬迁比例达到 80%；当搬迁补助为 15 万元/户时，搬迁比例达到 91%；当搬迁补助为 16.4 万元/户时，搬迁比例达到98% 后不再增加。因此，为了保证搬迁比例不低于 80%，按户补助应设定在每户 13 万~16.4 万元。

如图 6-10 所示，横坐标代表按户补助的搬迁补助额，纵坐标代表搬迁总投资。当搬迁补助从 5 万元/户增加到 20 万元/户时，对应不同的搬迁比例，可以计算出此时的搬迁总投资。当搬迁补助为 13 万元/户时，搬迁总投资为 1397.34 万元；当搬迁补助为 15 万元/户时，搬迁总投资为 1717.33 万元；当搬迁补助为 16.4 万元/户时，搬迁总投资为 1959.82 万元。

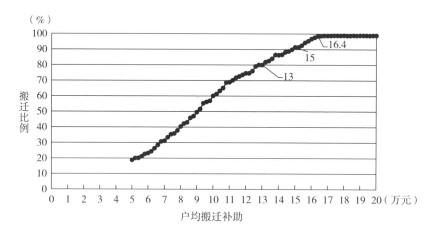

图 6-9　搬迁补助（按户）与搬迁比例

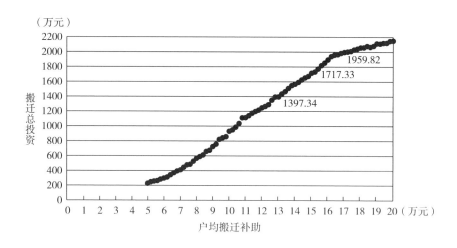

图 6-10　搬迁补助（按户）总投入

　　如图 6-11 所示，横坐标代表按户补助的搬迁补助额，纵坐标代表单位补助增加搬迁比例变化（即按户补助的敏感性）。从图 6-11 中可以看出，随着搬迁补助的增加，按户补助的敏感性总体呈现下降趋势。当按户补助在 13~16.4 万元时，投资敏感性的高点为 13.6 万元/户。

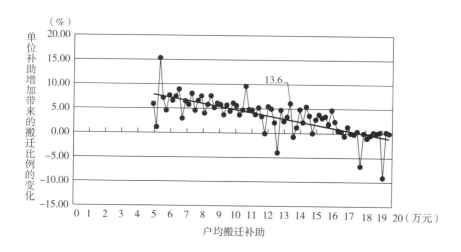

图 6-11　搬迁补助（按户）的敏感性分析

由图 6-9、图 6-10、图 6-11 可知，综合考虑搬迁比例、搬迁总投资和敏感性，户均补助设定在 13.6 万元/户左右较为合适，此时的搬迁总投资为 1511.66 万元。

2. 按人搬迁补助模拟结果

如图 6-12 所示，横坐标代表按人补助的搬迁补助额，纵坐标代表搬迁比例。当搬迁补助从人均 2 万元增长到 5 万元时，搬迁比例不断增加。当搬迁补助为 3.2 万元/人时，搬迁比例达到 80%；当搬迁补助为 3.6 万元/人时，搬迁比例达到 91%；此后，搬迁补助继续增加，但搬迁比例增加幅度非常小。因此，为了保证搬迁比例不低于 80%，按人补助应设定在每人 3.2 万~3.6 万元。

如图 6-13 所示，横坐标代表按人补助的搬迁补助额，纵坐标代表搬迁总投资。当搬迁补助从 2 万元/人增加到 5 万元/人时，对应不同的搬迁比例，可以计算出此时的搬迁总投资。当搬迁补助为 3.2 万元/人时，搬迁总投资为 2008.79 万元；当搬迁补助为 3.6 万元/人时，搬迁总投资为 2279.87 万元。

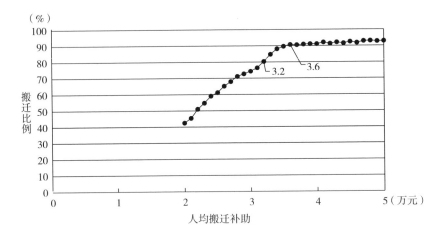

图 6-12 搬迁补助（按人）与搬迁比例

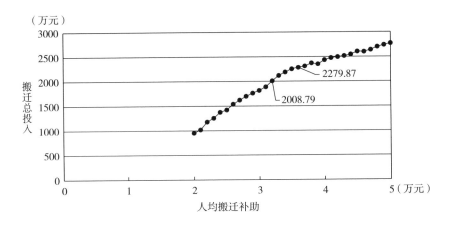

图 6-13 搬迁补助（按人）总投入

如图 6-14 所示，横坐标代表按人补助的搬迁补助额，纵坐标代表单位补助增加带来的搬迁比例变化（即按人补助的敏感性）。从图中可以看出，随着搬迁补助的增加，按人补助敏感性总体呈现振荡下降趋势。当按人补助在 3.2 万~3.6 万元时，按人补助敏感性的高点为 3.4 万元/户。

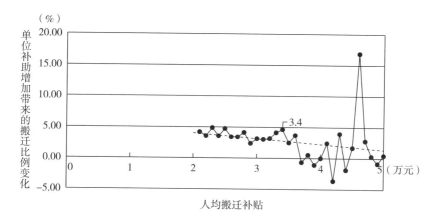

图 6-14 搬迁补助（按人）的敏感性分析

由图 6-12、图 6-13、图 6-14 可知，综合考虑搬迁比例、搬迁总投资和敏感性，人均补助设定在 3.4 万元/人左右较为合适，此时的搬迁总投资为 2186.95 万元。

综合比较按户补助和按人补助两种方式可知，如果要实现搬迁比例不低于 80%，则按户补助和按人补助都可以实现，但是按户补助的总投资额小于按人补助的总投资额。因此，按户补助是较为经济的方式。

3. 基础设施配套资金数额模拟结果

如图 6-15 所示，横坐标代表基础设施配套资金按户统筹额度，纵坐标代表搬迁比例。当搬迁补助额度为 8 万元/户时，随着基础设施配套资金从每户 1 万元增加到每户 10 万元，搬迁比例从 35% 增加到 43%；当搬迁补助额度为 10 万元/户时，随着基础设施配套资金从每户 1 万元增加到每户 10 万元，搬迁比例从 57% 小幅增加到 61%；当搬迁补助额度为 15 万元/户时，尽管基础设施配套资金从每户 1 万元增加到每户 10 万元，搬迁比例始终保持在 90% 上下。由此可知，按户统筹的基础设施配套资金对搬迁补助额度 8 万元/户的搬迁比例有一定的提升作用，对其他搬迁补助额度的搬迁比例提升幅度有限。

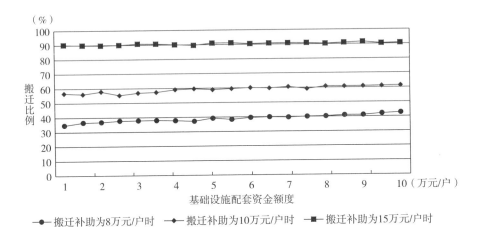

图6-15 基础设施配套资金补助（按户）与搬迁比例

如图6-16所示，横坐标代表基础设施配套资金按人统筹额度，纵坐标代表搬迁比例。当搬迁补助额度为8万元/户时，随着基础设施配套资金从每人0.5万元增加到每人4万元，搬迁比例始终保持在43%上下；当搬迁补助额度为10万元/户时，随着基础设施配套资金从每人0.5万元增加到每人4万元，搬迁比例始终保持在63%上下；当搬迁补助额度为15万元/户时，随着基础设施配套资金从每户1万元增加到每户10万元，搬迁比例始终保

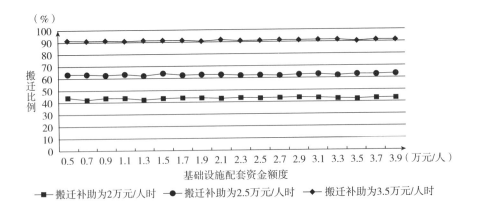

图6-16 基础设施配套资金补助（按人）与搬迁比例

持在90%上下。由此可知，按人统筹的基础设施配套资金对于搬迁比例没有提升作用。

4. 产业就业配套资金数额模拟结果

如图6-17所示，横坐标代表产业就业配套资金按户统筹额度，纵坐标代表搬迁比例。当搬迁补助额度为2万元/户时，随着产业就业配套资金从每户1万元增加到每户10万元，搬迁比例从9%小幅增加到11%；当搬迁补助额度为8万元/户时，随着产业就业配套资金从每户1万元增加到每户10万元，搬迁比例从38%增加到47%；当搬迁补助额度为10万元/户时，随着产业就业配套资金从每户1万元增加到每户10万元，搬迁比例从59%小幅增加到65%；当搬迁补助额度为12万元/户时，随着产业就业配套资金从每户1万元增加到每户10万元，搬迁比例始从74%小幅增加到77%；当搬迁补助额度为15万元/户时，随着产业就业配套资金从每户1万元增加到每户10万元，搬迁比例始终保持在90%上下。由此可知，按户统筹的产业就业配套资金对于搬迁补助额度8万元/户的搬迁比例有一定的提升作用。

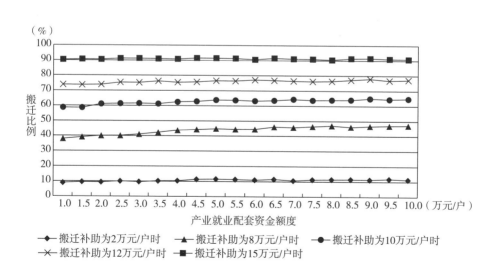

图6-17 产业就业配套资金数补助与搬迁比例

5. 社会网络模拟结果

如图 6-18 所示，横坐标代表随机网络密度，纵坐标代表搬迁比例。当搬迁补助为 2 万元/户时，随着随机网络密度从 0.01 增加到 0.4，搬迁比例维持在 10%左右；当搬迁补助额度为 8 万元/户时，随着随机网络密度从 0.01 增加到 0.4，搬迁比例从 39%增加到 45%；当搬迁补助额度为 10 万元/户时，随着随机网络密度从 0.01 增加到 0.4，搬迁比例从 73%小幅增加到 76%；当搬迁补助额度为 15 万元/户时，随着随机网络密度从 0.01 增加到 0.4，搬迁比例始终保持在 90%上下。由此可知，随机网络密度对于总体搬迁比例的影响不大。

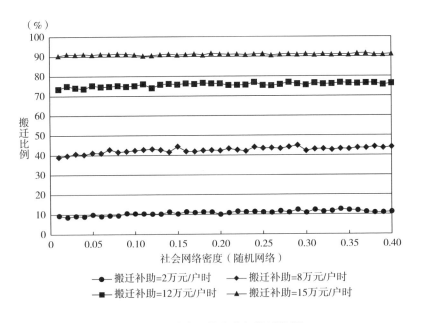

图 6-18 社会网络密度与搬迁比例

如图 6-19 所示，横坐标代表随机网络密度，纵坐标代表采纳搬迁比例。当搬迁补助为 2 万元/户、8 万元/户、12 万元/户、15 万元/户时，随着随机网络密度从 0.01 增加到 0.4 时，采纳搬迁比例呈现振荡上升趋势，且搬迁比例的最高点出现在随机网络密度 0.3 左右。由图 6-18 和图 6-19

可知，随机网络密度对采纳搬迁比例由提升作用，对于总搬迁比例影响不大。

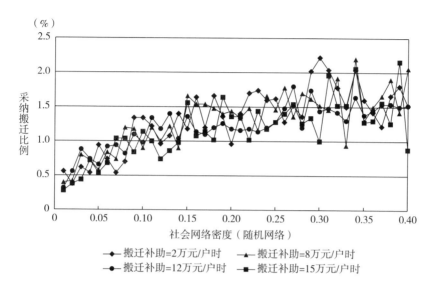

图6-19　社会网络密度与采纳搬迁比例

6. 搬迁比例随时间的变化模拟结果

如图6-20所示，当搬迁持续时间为0~5年时（即"十二五"时期），搬迁比例不大，从第6年到第10年（即"十三五"时期），搬迁比例呈现明显增加趋势。分搬迁补助额度来看，当搬迁补助为2万元/户时，搬迁比例呈现平缓上升趋势，到第10年时达到9%，从第10年到第20年间搬迁比例仍有小幅增加，到第20年时达到15%；当搬迁补助为8万元/户时，搬迁比例在第10年达到38%，此后在第16年间达到46%后缓慢增加，到第20年时达到48%；当搬迁补助为12万元/户时，搬迁比例在第6~10年增幅明显，到第10年达到73%，此后在第14年达到77%后保持不变；当搬迁补助为15万元/户时，搬迁比例在第6~10年增幅明显，到第10年搬迁比例达到88%后增幅放缓，到第12年达到90%后不再增加。由此可知，在"十三五"时期搬迁工程结束后，即第10年结束后的2~3年内，搬迁比例仍有小幅增加。

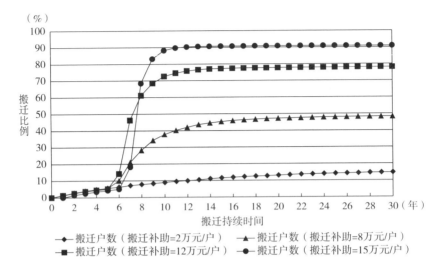

图 6-20 搬迁持续时间与搬迁比例

第六节 政策改进建议

根据以上分析，笔者提出以下政策改进建议：

（1）提高搬迁补助。调查发现，陕南地区易地扶贫搬迁补助为：按户补助 8 万元/户，或者按人补助 2.5 万元/人。根据模拟结果，如果按户补助，应将补助标准设定为 13.6 万元/户左右，即每户适当增加 5~6 万元；如果按人补助，则应将补助标准设定在 3.4 万元/人左右，即每人增加 1 万元补助，以更好地实现"搬得出"目标。

（2）补助方式宜改为按户补助。"十二五"时期的搬迁补助方式为按户补助，但到了"十三五"时期，则开始实行按人补助的方式。根据模拟结果，虽然按户补助和按人补助最终都可以实现搬迁的目的，但是按户补助的总投入小于按人补贴的总投入，因此，从成本控制的角度考虑，宜采取按户补助方式。

（3）适当减少基础设施配套资金使用的比例。调查发现，陕南地区基础设施配套补助标准为每户4万元，笔者认为调整为2万~4万元/户较为合适。这是因为，基础设施配套资金是以县为单位统筹使用，对农户直接的激励作用较小，应以够用为佳，不宜过分追求"豪华建设"。

（4）提高产业就业配套资金。调查发现，陕南地区易地扶贫搬迁的产业扶持资金为每户3万元，根据模拟结果，在一定的搬迁补助标准下，增加产业就业配套资金可以使搬迁农户增加。因此，可适当将产业就业配套资金上调至3.5万~5.5万元/户。

（5）增加已搬迁农户的正向示范作用，并将搬迁任务完成期限延长3~5年。鼓励已经搬迁的农户对尚未搬迁的农户进行正向示范，带动没有搬迁的农户陆续搬迁。同时，可以将搬迁任务完成的时间延长3~5年，给尚未搬迁的农户留足考虑的时间。

第七节　本章小结

本章分析了农户对政策的需求，并运用基于主体的模型模拟了政策对搬迁的影响。本章的创新点是首次将基于主体的模型运用到了易地扶贫搬迁的政策模拟中。本章主要进行了五个实验的设计，分别是：改变按户补助数额，模拟搬迁人数和总投入的变化；改变按人补助数额，模拟搬迁人数和总投入的变化；改变基础设施配套资金数额，模拟搬迁人数的变化；改变产业就业配套资金数额，模拟搬迁人数的变化；改变社会网络，模拟搬迁人数和采纳搬迁人数的变化。主要的结论如下：

（1）搬迁补助对搬迁的影响。搬迁补助的变化对农户搬迁人数的影响是最为明显的，搬迁补助增加，搬迁人数会有明显的增加。按户补助数额宜为13.6万元/户，按人补助数额宜为3.4万/人。从搬迁总投入的角度来看，宜采用按户补助的方式，搬迁总投入较小且搬迁效果较好。

（2）基础设施配套资金数额对搬迁的影响。由于基础设施配套资金是统筹使用，因此增加搬迁人数的效果不如搬迁补助好。基础设施配套资金应按户筹集统一使用，不应设定过高，以"够用"为宜，既要使安置社区的基础设施和公共服务建设达到标准，又要控制总投入。

（3）产业就业配套资金数额对搬迁的影响。当搬迁补助没有超过 10 万元/户时，增加产业就业配套资金，可增加搬迁人数。

（4）社会网络对搬迁的影响。当搬迁补助没有超过 12 万元/户时，社会网络对搬迁人数有一定的促进作用。在实际的搬迁过程中，可以给予农户充分的考虑时间，通过社会网络的传递、示范作用提高农户搬迁的比例，这一作用在搬迁工程结束之后的几年内还将继续对未搬迁农户产生影响。

第七章 结论与展望

第一节 结论

本书围绕易地扶贫搬迁"搬得出、稳得住、能致富"的总目标，以陕南山区为例，运用理论分析和因子分析、结构方程模型、基于主体的模型等方法，对易地扶贫搬迁的理论，农户的搬迁决策过程、搬迁意愿和搬迁行为，政策对搬迁的影响等内容进行了研究。本书得到以下主要结论：

（1）易地扶贫搬迁理论属性。易地扶贫搬迁是指将居住在"一方水土养不起一方人"地区的农村贫困人口，在坚持群众自愿的原则下，由政府统一组织搬迁到生活和生产条件较好的地区安置，并依托城镇和产业发展等采取后续发展的措施之一。从学理上划分，易地扶贫搬迁属于政府引导下的自愿移民、主动移民、组织移民、国内移民、单次移民、多外部诱因移民。陕南山区易地扶贫搬迁的主要问题是部分农户存在搬迁顾虑、安置区基础设施配套不足、安置方式和农户的期望不匹配及产业基础薄弱、就近发展困难等问题。本书从移民需求角度研究未搬迁农户的搬迁意愿和政策对搬迁的影响。

（2）农户搬迁决策的"W-A-P"模型。农户决定搬迁需要同时满足具有搬迁意愿和搬迁能力两个条件。搬迁意愿受到心理、预期、环境、家庭等因素的影响；搬迁能力主要取决于家庭自身特征。政策可以调节搬迁意愿和搬迁能力。该理论模型可以应用在实际的搬迁动员中，按照搬迁意愿和搬迁能力四象限图，对未搬迁的原因进行分类后精准施策。

（3）农户搬迁意愿的内、外部影响因素。搬迁意愿主要受到环境、心理、预期、政策、家庭等因素的影响，影响较大的是政策因素和心理因素。其中，心理因素中的态度、知觉行为控制在政策因素和搬迁意愿中起到部分中介作用。总体上，陕南山区农户的搬迁意愿较高。

（4）农户搬迁能力的关键指标识别。农户搬迁障碍主要包括搬迁成本较高、搬迁后生活成本高等经济障碍，搬迁后找不到工作的就业障碍，以及担心搬迁后无法适应、留恋故土等适应障碍，搬迁要求农户具备经济能力、就业能力和适应能力。关于决定搬迁能力的家庭指标，通过和已经搬迁的家庭比较特征属性后发现，已经搬迁和没有搬迁的家庭在家庭人口数、最高受教育水平、家庭总收入、家庭总支出、居住距离等方面存在统计上的显著差异。

（5）在不同的政策下，农户搬迁的数量不同。基于主体的模型可以模拟主体之间自下而上的搬迁"积累效应"，还可以通过改变政策条件模拟搬迁人数的变化，是一个很好的政策研究工具。模拟发现，搬迁补助宜采用按户补助的方式，补助金额宜在 13.6 万元/户左右，总投入较小且搬迁效果较好，基础设施配套资金以"够用"为宜，增加产业就业配套资金、提高社会正向示范作用等对搬迁有促进作用，其中社会正向示范作用的时间跨度可达搬迁工程结束后几年。

第二节　讨论

1. 地理位置对农户搬迁意愿的影响

山区和平原农村地区的环境差异较大，通达性不高、自然灾害频发、基础设施建设不完善，环境压力较大，农户多认为居住地不易生存。山区居民的住房多依山而建，宅基地面积很小，耕地也非常有限，只是在山区相对平缓处种植一些作物，获得的农业收入非常有限，农户普遍认为其宅基地耕地的价值不高。因此，山区农户在决定是否搬迁时，对耕地、宅基地复垦和旧房拆除政策的关注不多。而平原的农村，本身距离城镇、主要干道并不远，也较少有自然灾害的发生，环境压力不大，农户搬迁的意愿没有山区强烈。此外，平原耕地、宅基地面积也较山区更大，农户普遍认为他们的耕地、宅基地的价值较高，搬迁补助与他们宅基地和旧房的价值不匹配。因此，宅基地复垦和旧房拆除政策对平原农户的搬迁决策影响较大。

据笔者调研的情况来看，陕南地区特别是笔者调研的 Z 县属于秦巴山区集中连片特困地区，农户住房建在山上，远离城镇，宅基地面积较小，土地价值低，旧房及其附属物价值低，现有耕地流转不出去，大多数是撂荒状态，居民普遍对搬迁的宅基地补助无异议。因此，本书在研究中剔除了"对宅基地处理是否满意"这一对搬迁影响较小的变量。笔者也调研过陕西省关中平原易地扶贫搬迁的情况，由于是平原地带，宅基地面积要大于陕南农户，而且地价较高，旧房及其附属物价值也较高，因此农户普遍认为自己宅基地的价值要高于补偿价值，宅基地复垦政策对该地区农户的影响较为显著。整体来看，受自然环境和经济发展状况的影响，山区农户的搬迁积极性普遍高于平原农村的农户。因此，本书讨论的搬迁意愿的影响因素并不适用平原农村的搬迁。

2. 本书的研究和其他研究的比较

国内对搬迁意愿（能力）的讨论大多对家庭变量进行回归分析，得出的结论分歧较大。对出现这样的现象进行原因分析发现，主要是国内研究在讨论搬迁时，并没有严格区分意愿和行为。其实，意愿和行为的讨论是两种不同的情况。对于意愿的讨论，应以对未搬迁人口的分析为基础进行，即未搬迁人口之间才有搬迁意愿高低强弱的差异，已经搬迁的人口既然已经搬迁了，就说明他们是有足够的搬迁意愿的。而对行为的分析则要对已搬迁和未搬迁人口进行比较，看看他们的差异在哪里，主要分析他们在人口结构、受教育水平、社会网络关系等方面的差异。因此，研究的因变量不同（意愿、能力），对应的研究群体也不同。此外，意愿的研究更加依赖理论范式进行，因为即使对搬迁对象进行数据收集，他们给出的意愿也可能是模糊的，甚至是不准确的，有时他们自己也不清楚到底是在多大程度上愿意搬迁。而行为的研究则不同，更加客观和准确，搬迁了就是搬迁了，没有搬迁就是没有搬迁，这个结果是既定的，只需要准确收集结果的发出者（已经搬迁者）和未发出者（未搬迁者），并对他们的家庭人口结构、受教育水平、社会网络关系等方面进行收集比较，就可以分析出两者的差异。相比较意愿而言，行为的研究更加依赖客观数据的统计分析。

（1）本书的研究和其他有关搬迁意愿（能力）的研究的比较。本书首先对意愿和能力进行了区分，指出搬迁意愿并不完全等于搬迁能力。对于搬迁意愿的研究，采用理论主导的研究方法，从国内外理论入手，对搬迁意愿可能的影响因素进行讨论，并运用实证模型对理论进行检验。结果发现，农户的搬迁意愿受到环境因素、政策因素、心理因素、预期因素以及家庭因素的影响；家庭搬迁能力取决于家庭的人口数量、受教育水平、家庭总收入、家庭总支出等。

就家庭人口数量而言，本书的结论同王珊和张安录（2010）一致，即人口数量多的家庭更容易发生搬迁行为，与时鹏和余劲（2013）、唐宏等（2011）、唐勇智（2010）的结论相反。通过比较后发现，结论相反的四个研究讨论的是生态移民和水库移民，都属于"补偿型"移民，而本书讨论的是主动、自愿性移民，资金是"补贴"，人口越多补贴越多，因此是正向影响，但就"补偿"来说，人口越多越容易产生不满情绪，因此是负向影响。

在家庭受教育水平方面，本书的结论与姜冬梅（2012）、汤榕（2014）、聂鑫等（2010）的结论一致，即家庭受教育水平越高，农户越倾向于搬迁，与刘呈庆等（2015）的结论相反。本书讨论的是山区恶劣环境下的搬迁，只有搬迁出去才能从根本上解决生存和发展的问题，这个道理受教育水平越高的人越明白，因此愿意搬迁的农户比例更高。对于生态移民等"补偿型"移民来说,受教育水平越高的家庭,越看重自己原来的土地、房产的价值,在心理"算笔账",会觉得补偿偏低,不愿意搬迁的比例就高。其实,受教育水平反映的是对"值不值得搬"的考量。

在收入水平方面,本书认为收入低于一定水平无法搬迁,收入极高的家庭搬迁的可能性也较低,而处于中高收入水平的家庭更容易搬迁。这与传统的结论,即收入越高越可能搬迁,或者收入越低越可能搬迁不同,收入偏低是"没钱搬、搬不起",收入极高是已经获得了稳定的收入来源,不愿意搬迁。而收入处于中高水平的家庭,既可以承担搬迁成本,又可以通过搬迁获得更高的收入机会,因此搬迁的可能性更高。

(2)关于环境对搬迁意愿的影响。本书的研究结论与 Adams(2013)相同,即环境是影响搬迁意愿的因素之一。但是本书同时指出,虽然感受到了环境压力,但是在易地扶贫搬迁政策实施之前,真正考虑搬迁的人数并不多,而在易地扶贫搬迁政策实施之后,搬迁人数才逐渐多起来。本书的实证研究也验证了这一结论,即环境因素是在心理因素的完全中介作用下对搬迁意愿产生影响的。

第三节 政策建议

易地扶贫搬迁是在实践基础上探索出的一种扶贫模式,对精准脱贫有重要意义。研究表明,贫困地区的农户的搬迁意愿总体较强烈,尤其是在政策扶持的条件下,搬迁意愿更为强烈,偏远山区的群众的搬迁意愿相对更高。农户对易地扶贫搬迁的期盼集中体现在:得到更多的搬迁补助;安置方式多样化,适当增加分散安置的比例;基础设施和公共服务更加完善;自主创业热情高,期望得到免息低息创业资金支持,或者政府多方面提供本地就业岗位;社会保障更加健全。

1. "搬得出"相关政策建议

(1)加强政策支持的精准性。政策因素对搬迁意愿的促进作用明显,因此，针对未搬迁居民的不同需求（如搬迁补助、就业安置、社会保障），政策设计上应避免"一刀切"，针对不同居民精准施策，提升其政策满意度，以调动未搬迁居民的搬迁积极性。

（2）加强就业安置力度，确保搬迁一户、就业一户、脱贫一户。移民搬迁要"搬得出、稳得住、能致富"，能否致富是关键。真正富裕起来的农户，政府不组织搬迁，他们也会主动搬迁到城市。政府部门需要清楚地认识到，未搬迁的农户大多是家庭资源禀赋不高、就业能力不足的人口，解决好他们离开土地后的收入来源问题，才能增强居民通过搬迁增加收入、改善生活的信心，增强其搬迁正向态度，从而促进搬迁。

（3）加大搬迁的宣传力度，向山区农户展示城镇美好便利的生活，通过多种形式让山区农户熟悉、了解安置区，减少对城镇生活的陌生感，增强融入城镇的信心，提高农户对城镇生活的接受度，增强主动搬迁的意愿。

（4）解决好已搬迁群众的生产生活问题，通过社会网络关系的传递，形成搬迁良性示范效应。搬迁动员应当是自下而上的良性搬迁互动，而不是自上而下的强制搬迁。这种由社会网络关系传递的正面效应，即主观规范的作用，在正向迁移态度、正向知觉行为控制的中介作用下，也能够在一定程度上增强农户的搬迁意愿。

2. "稳得住、能致富"相关建议

（1）移民搬迁与群众脱贫致富相结合，将着力点放在本地产业振兴上。中西部地区经济欠发达、产业基础薄弱、容纳就业的能力十分有限，因此部分地区把劳务输出作为增加收入的主要途径，对搬迁户进行免费技能培训，提高其外出务工的职业技能，以增加搬迁户收入，对提升移民搬迁意愿比较有效，属于短平快的方法。但是，这和党的十九大提出的乡村振兴战略中的产业兴旺、生活富裕的要求还有比较大的差距。只有本地产业兴旺，搬迁户大都在本地就业，才能真正实现"搬得出、稳得住、能致富"。笔者建议：一是各级政府都要拿出一定的扶持资金，支持各乡镇建立创业园区，带动大学生、复转军人、农民工返乡创新创业，振兴本地产业发展。二是对土地流转实施补贴，引导更多的农户把耕地流转出去，发展农业适度规模经营，培育职业农民队伍。三是发挥当地资源优势，按照"一县一业、一镇一品"的模式，发展特色农产品加工业，加快农村电商物流建设，实现"种养加贸"全面发展。四是促进农村一、二、三产业融合发展，以县城服务城市、县城服务省城的思路，将农业产业园区与乡村旅游、健康养老产业融合，以吸纳更多的搬迁居民在本地创业就业，真正富裕起来。

（2）普惠的移民搬迁优惠政策与特殊政策相结合，实施精准搬迁。未搬迁的家庭大多是年龄偏大、资源禀赋不高、就业能力弱的群体，他们最关心的就是搬迁后的就业问题，政府部门需要解决好他们离开土地后的收入来源问题，尽可能多地提供一些公益岗位。同时，要进一步完善新型农村养老保险，缩小农村和城市之间的养老金待遇差异，使搬迁户老有所依，不需要再为生计操劳。对于搬迁成本问题，除了加大对贫困人口的购房和安置补助外，还可以加大对搬迁后稳定就业家庭贷款购买安置房的优惠力度。

（3）移民搬迁与特色小镇建设相结合，使更多群众愿意就近安置。对于山区居民普遍反映的安置区距离城市偏远、基础设施公共服务不完善、发展机遇少，搬迁到服务功能较为完善的县城的意愿强烈，而县城又难以承载的问题，建议加快发展特色小城镇，完善城镇的水电路网等基础设施建设，配套高水平的幼儿园、小学、初中、医院和商业街，满足居民生活需求，提升其生活的舒适度和便利度。

（4）集中安置与分散安置相结合，适当提高分散安置比例。提高特色小镇的综合服务功能，提升安置点的吸引力，为群众移民搬迁提供多个安置点供其选择。在小镇内设置一处集中安置点，主要安置非农就业户；在小镇外多规划几处区域作为分散安置点，综合考虑农户的耕地位置，就近分散安置一些以从事农业生产为主的农户和一些不愿意集中安置的农户，使他们既可以从事农业生产，还可以享受到特色小镇的公共服务。

（5）加大搬迁补助力度。首先，搬迁成本是影响农户搬迁的重要因素，笔者建议采用按户补助的方式给予搬迁补助，加大搬迁投入力度，特别是对有搬迁意愿但不具备搬迁能力的困难家庭，加大补助的力度。其次，加大金融、贷款服务支持。开发满足搬迁居民需求的金融产品，鼓励村镇银行发展，开展贫困村互助资金、小额信用贷款，积极推动金融产品和服务方式创新，努力满足搬迁农户发展生产的资金需求。

（6）完善公共服务与保障后续发展相结合。一是引导产业发展。充分发挥地区资源优势，努力形成支柱产业，积极发展以乡村旅游为主体的服务业。二是完善社会保障。推进城乡低保互转，解决搬迁户的社会保障问题。三是公共服务保障。为安置区配套完善的学校、医院、购物场所等公共服务设施，为居民提供完善的公共服务，满足他们就近入学、就医、工作的需求。

第四节　研究创新点

本书的研究创新点如下：

（1）本书首次提出易地扶贫搬迁的农户搬迁决策"W-A-P"模型，并指出在实际的搬迁工作中可按照搬迁意愿和搬迁能力将农户分为"高意愿高能力""高意愿低能力""低意愿高能力"和"低意愿低能力"四种类型，针对不同的类型精准施策。

（2）本书首次加入政策因素分析农户的搬迁意愿。在计划行为理论、期望理论、地方效用理论等人口迁移理论的基础上加入政策因素，并通过因子分析、结构方程等方法对理论假设进行实证检验。

（3）本书首次提出了农户的三大搬迁能力（即经济能力、就业能力和适应能力），并运用二值响应模型识别出影响农户搬迁能力的家庭特征变量，提出通过调节搬迁补助、就业、教育等相关政策可提升农户搬迁能力，促进农户搬迁。

（4）本书首次运用基于主体的模型模拟政策对搬迁决策的影响。本书设计了搬迁补助、基础设施配套资金、产业就业配套资金等多个政策模拟实验，通过计算机平台模拟不同政策变量下的农户搬迁数量，并根据模拟结果提出政策改进建议。

第五节 研究展望

笔者调研的 Z 县主要以山区为主，交通不便、入户困难，尽管在前期做了充分的准备，但在实地调研时还是遇到了种种困难，深感实证研究的不易。不过，在研究接近尾声时，笔者将研究得到的主要结论反馈给 Z 县的移民搬迁安置工作干部时，他们认为笔者得出的结论和实际是相符的，能够给相关部门提供一些参考，这让笔者倍感欣慰。尽管如此，笔者仍建议今后能够利用大数据平台，整合多个部门的相关信息，对建档立卡贫困户的收入、消费等情况进行数据采集，以准确掌握贫困户的基本情况，有针对性地开展帮扶工作，同时推进相关研究。

限于客观研究条件和笔者的研究水平，本书的研究仍有一些不足。比如，对易地扶贫搬迁这个政策应用性十分强的课题，笔者在将实际问题抽象为理论方面还稍显不足，理论和实证的结合还不够紧密。

易地扶贫搬迁是一个系统工程，政策执行跨度虽只有十年，但是影响却十分深远。因此，笔者的研究也很难做到"毕其功于一役"，还需要对后续的政策实施效果和搬迁后农户的生产生活水平进行持续的研究，可以从以下几个方面展开：

（1）山区农村和平原农村农户搬迁意愿影响因素的比较。本书基于山区农村展开研究，笔者建议在经费和人员充足的情况下，可以多选取几个调研点，对平原农村和山区农村的农户搬迁意愿进行比较，分析搬迁意愿影响因素的异同。笔者猜想，搬迁后原宅基地的腾退方式和补助数额对于平原农村的农户搬迁意愿的影响较大，对于其他安置政策，山区农村和平原农村农户的需求也应各不相同。

（2）移民社会互动示范的"后效应"。通过前文的分析可以看出，农户是否搬迁还受到社会关系的示范作用。这个示范作用就是一把"双刃剑"，农户如果搬迁后生活得较好，那么对没有搬迁的农户会产生正向示范作用；如果生活得不好，则会对没有搬迁的农户产生负面示范作用，导致出现未搬迁的居民不愿搬迁，已搬迁的居民出现再搬迁、回迁等现象。因此，可以进一步探究社会互动及社会示范对农户搬迁的影响。第六章的政策模拟发现，在搬迁工程结束后的"后效应"中，已经搬迁的农户还会通过社会网络关系持续影响未搬迁的农户，后续可以追踪收集相关数据对这一模拟结果进行验证。

（3）移民发展与乡村振兴建设的研究。前文的研究发现，不少农户在搬迁之后希望在农业产业园工作或自主创业，大都希望就近务工，这些都离不开本地经济的发展和本地产业的振兴。乡村振兴，本质上是产业的振兴，而产业振兴的关键是产业链条的延长。产业链条的延长会带来更多的就业岗位，"种植、养殖、加工、贸易、物流"等一体化的产业链可以吸纳更多的农户就业，进而推动农业产业园、乡村旅游、健康养老等以农业为基础的行业的发展，助力乡村振兴。因此，移民发展与乡村振兴是值得进一步研究的课题。

（4）对于政策模拟的进一步研究。经研究发现，基于主体的模型是一个很好的模拟政策的工具。在本书中，笔者建立的模型并不复杂，向同行展示了利用基于主体的模型进行易地扶贫搬迁政策模拟的新思路，仅起到抛砖引玉的作用。在后续的研究中，可以改变更多的条件、加入更多的主体进行模拟。此外，还可以进一步改变安置地的基础设施条件，让移民对"去哪里安置"进行决策。

易地扶贫搬迁是一个复杂的系统工程，"搬得出"仅仅是第一步，如何"稳得住""能致富"需要各位学者继续研究，本书仅发挥抛砖引玉的作用。

参考文献

阿剑、文韬:《走出大山——宁夏实施国家易地扶贫移民试点工程(生态移民)纪实》,《宁夏画报》2004 年第 Z1 期。

边燕杰:《社会网络与地位获得》,社会科学文献出版社 2012 年版。

蔡依平、张梦芳:《水利水电工程移民安置模式多样化实证研究》,《安徽农业科学》2006 年第 5 期。

曹志杰、陈绍军:《气候风险视域下气候移民的迁移机理、现状与对策》,《中国人口·资源与环境》2012 第 11 期。

曾小溪、汪三贵:《易地扶贫搬迁情况分析与思考》,《河海大学学报(哲学社会科学版)》2017 年第 2 期。

常艳:《西部地区易地扶贫搬迁的土地安置能力分析》,《经济问题探索》2008 年第 6 期。

陈国阶等:《中国山区发展报告——中国山区发展新动态与新探索》,商务印书馆 2010 年版。

陈坚:《易地扶贫搬迁政策执行困境及对策——基于政策执行过程视角》,《探索》2017 年第 4 期。

陈秋红:《环境因素对人口迁移的作用机制分析》,《中国农村观察》2015 年第 3 期。

陈绍军等:《水库移民补偿方式比较研究——以某省 A 水电站为例》,《中国发展》2011 年第 2 期。

陈绍军等:《水库移民社会风险研究现状及前沿问题》,《河海大学学报(哲学社会科学版)》2014 年第 2 期。

陈勇：《对西方环境移民研究中几个基本问题的认识》，《中国人口·资源与环境》2009 年第 5 期。

程丹等：《易地扶贫搬迁背景下农户移民搬迁决策机制研究——基于成本收益理论分析框架》《天津农业科学》2015 年第 3 期。

丹江口水库移民系统研究课题组：《丹江口水库移民系统研究》，科学出版社 1993 年版。

段跃芳、赵旭：《水利水电工程移民城镇化安置：特征、问题及机制创新》，《城市与环境研究》2016 年第 3 期。

樊启祥：《水电项目开发利益共享模型研究》，清华大学博士学位论文，2010 年。

樊启祥等：《可持续发展视角的中国水电开发水库移民安置方式研究》，《水力发电学报》2015 年第 1 期。

范本迅、孟朝晖：《移民安置城镇化若干问题思考》，《人民长江》2014 年第 16 期。

傅秀堂：《论水库移民》，武汉大学出版社 2001 年版。

高聪颖等：《扶贫搬迁安置区农户可持续生计问题研究》，《中共福建省委党校学报》2016 年第 9 期。

高奇：《三峡库区农村移民安置新模式初探——关于兴建"移民城"安置农村移民的思考》，《四川三峡学院学报》2000 年第 2 期。

高晓杰：《关于宁城县易地移民搬迁工程的几点思考》，《中国农业信息》2013 年第 11 期。

郭剑平、施国庆：《环境难民还是环境移民——国内外环境移民称谓和定义研究综述》，《南京社会科学》2010 年第 11 期。

国家发展改革委：《全国"十三五"易地扶贫搬迁规划》，2016 年。

何得桂：《山区避灾移民搬迁执行研究》，人民出版社 2016 年版。

何得桂、党国英：《西部山区易地扶贫搬迁政策执行偏差研究——基于陕南的实地调查》，《国家行政学院学报》2015 年第 6 期。

贺立龙等：《易地搬迁破解深度贫困的精准性及施策成效》，《西北农林科技大学学报（社会科学版）》2017 年第 6 期。

侯茂章、周璟：《湖南省易地扶贫搬迁后续产业发展研究》，《经济地理》2017 年第 8 期。

胡勇：《进一步完善我国易地搬迁扶贫政策》，《宏观经济管理》2009 年第 1 期。

姜冬梅：《草原牧区生态移民研究》，西北农林科技大学博士学位论文，2012 年。

金梅、申云：《易地扶贫搬迁模式与农户生计资本变动——基于准实验的政策评估》，《广东财经大学学报》2017 年第 5 期。

景跃军、陈英姿：《关于资源承载力的研究综述及思考》，《中国人口·资源与环境》2006 年第 5 期。

景喆等：《西部易地扶贫搬迁管理模式与村镇建设——以甘肃省靖远县刘川乡为例》，《小城镇建设》2007 年第 6 期。

黎洁：《陕西安康移民搬迁农户生计选择与分工分业的现状与影响因素分析——兼论陕南避灾移民搬迁农户的就地就近城镇化》，《西安交通大学学报（社会科学版）》2017 年第 1 期。

李兵等：《迁移理论的基础："理解人口学"的分析框架》，《市场与人口分析》2005 年第 4 期。

李聪：《易地移民搬迁对农户贫困脆弱性的影响——来自陕南山区的证据》，《经济经纬》2018 年第 1 期。

李大宇等：《公共政策仿真方法：原理、应用与前景》，《公共管理学报》2011 年第 4 期。

李华、胡奇英：《预测与决策教程》，机械工业出版社 2012 年版。

李华强等：《突发性灾害中的公众风险感知与应急管理——以 5·12 汶川地震为例》，《管理世界》2009 年第 6 期。

李怀祖：《决策理论导引》，机械工业出版社 1993 年版。

李心萍：《"十三五"期间易地扶贫搬迁建设任务完成过半：搬得出、稳得住、能致富》，《人民日报》2017 年 9 月 17 日第 2 版。

李益敏：《泸水县马垮底村易地扶贫搬迁安置中的 GIS 分析》，《地理空间信息》2009 年第 6 期。

李宇军、张继焦：《易地扶贫搬迁必须发挥受扶主体的能动性——基于贵州黔西南州的调查及思考》，《中南民族大学学报（人文社会科学版）》2017 年第 5 期。

梁福庆：《中国生态移民研究》，《三峡大学学报（人文社会科学版）》2011 年第 4 期。

梁福庆：《水利水电工程移民与环保问题研究》，中国三峡出版社 2011 年版。

林江鹏等：《我国中小企业信用评级质量检验的实证研究——基于因子分析模型和有序 Logit 模型的分析》，《金融理论与实践》2016 年第 1 期。

刘呈庆等：《生态高危区预防性移民迁移意愿影响因素研究》，《中国地质大学学报（社会科学版）》2015 年第 6 期。

刘俊标：《实施易地扶贫搬迁战略的资金困境及解决路径》，《农业发展与金融》2015 年第 8 期。

刘舒昕、李松柏：《陕南避灾扶贫移民生存现状的满意度研究——以镇安县云盖寺镇移民安置点为例》，《城市发展研究》2015 年第 1 期。

刘宇伟：《可持续交通中的汽车出行减量意愿研究：一个整合的模型》，《管理评论》2017 年第 6 期。

娄成武、田旭：《中国公共政策仿真研究：现状、问题与展望——基于 CNKI 相关文献的统计分析》，《中国行政管理》2013 年第 3 期。

陆汉文、覃志敏：《我国扶贫移民政策的演变与发展趋势》，《贵州社会科学》2015 年第 5 期。

陆汉文、覃志敏：《新阶段的非农安置扶贫移民：规模估计和政策创新》，《浙江学刊》2017 年第 1 期。

吕雪枫：《我国非自愿移民贫困风险生态分析》，《湖北社会科学》2011 年第 2 期。

迈克尔·M. 塞尼：《移民·重建·发展：世界银行移民政策与经验研究

（二）》，水库移民经济研究中心译，河海大学出版社 1998 年版。

聂鑫等：《微观福利视角下的库区移民搬迁意愿调查》，《中国人口·资源与
环境》2010 年第 9 期。

彭峰等：《水库移民生计风险的影响因素研究》，《统计与决策》2016 年第
6 期。

强茂山、汪洁：《基于生活水平的水库移民补偿标准及计算方法》，《清华大
学学报（自然科学版）》2015 年第 12 期。

尚凯、施国庆：《水电移民土地证券化安置模式》，社会科学文献出版社
2012 年版。

盛昭瀚等：《社会科学计算实验理论与应用》，上海三联书店 2009 年版。

施国庆：《水库移民系统规划理论与应用》，河海大学出版社 1996 年版。

施国庆、郑瑞强：《扶贫移民：一种扶贫工作新思路》，《甘肃行政学院学
报》2010 年第 4 期。

施国庆、周君璧：《西部山区农户易地扶贫搬迁意愿的影响因素》，《河海大
学学报（哲学社会科学版）》2018 年第 2 期。

施国庆等：《水库移民城镇化安置与社会管理创新》，社会科学文献出版社
2015 年版。

时鹏、余劲：《农户生态移民意愿及影响因素研究——以陕西省安康市为
例》，《中国农业大学学报》2013 年第 1 期。

孙多勇等：《基于 Agent 建模的恐怖袭击影响因素仿真分析》，《安全与环境
学报》2013 年第 5 期。

汤榕等：《宁夏生态移民迁徙意愿性影响因素研究》，《宁夏医科大学学报》
2014 年第 8 期。

唐宏等：《农户生态移民意愿及影响因素研究——基于新疆三工河流域的农
户调查》，《自然资源学报》2011 年第 10 期。

唐丽霞等：《谁迁移了——自愿移民的搬迁对象特征和原因分析》，《农业经
济问题》2005 年第 4 期。

唐勇智：《丹江口库区农村待迁移民搬迁意愿分析》，《中国人口·资源与环

境》2010 年第 5 期。

陶长琪：《决策理论与方法》，中国人民大学出版社 2010 年版。

田宏岭等：《贫困地区山地灾害风险与监测预警技术研究》，科学出版社 2016 年版。

汪磊、汪霞：《易地扶贫搬迁前后农户生计资本演化及其对增收的贡献度分析——基于贵州省的调查研究》，《探索》2016 年第 6 期。

王红彦等：《易地扶贫移民搬迁的国际经验借鉴》，《世界农业》2014 年第 8 期。

王佳宁：《水库移民交易成本影响因素研究》，清华大学博士学位论文，2013 年。

王珊、张安录：《三峡工程生态屏障区农户搬迁意愿影响因素分析——以重庆市××县为例》，《国土资源科技管理》2010 年第 3 期。

王艳等：《移民的迁移意愿与生活期望——基于宁夏生态移民调查数据的 Logistic 回归分析》，《西北人口》2017 年第 4 期。

温忠麟等：《中介效应和调节效应分析》，教育科学出版社 2012 年版。

徐江等：《论环境移民》，《环境科学》1996 年第 3 期。

杨文健：《中国水库农村移民安置模式研究》，河海大学博士学位论文，2004 年。

杨钊：《金融精准扶贫的路径选择与实践演进》，《武汉金融》2016 年第 11 期。

姚树荣、熊雪锋：《以宅基地有偿退出改革助推易地扶贫——四川省泸县"嘉明模式"分析》，《农村经济》2017 年第 2 期。

叶青、苏海：《政策实践与资本重置：贵州易地扶贫搬迁的经验表达》，《中国农业大学学报（社会科学版）》2016 年第 5 期。

余庆年、施国庆：《环境、气候变化和人口迁移》，《中国人口·资源与环境》2010 年第 7 期。

余文学、王丽娇：《耕地制约和政策局限：水利工程移民安置问题研究——基于江苏省的数据分析》，《农村经济》2016 年第 11 期。

虞小强等：《基于 Logistic 模型的农户永久性迁移意愿统计研究》，《统计与决策》2011 年第 24 期。

袁航：《产业发展与易地搬迁扶贫共融共生》，《当代贵州》2017 年第 33 期。

张敬文等：《战略性新兴产业技术创新联盟合作伙伴选择研究——基于 PLS-SEM 模型的实证分析》，《宏观经济研究》2016 年第 5 期。

张茹等：《陕西省定边县扶贫移民安置模式分析》，《中国人口·资源与环境》2014 年第 S3 期。

章刚勇：《结构方程模型应用：错误设定与估计程序》，《统计与信息论坛》2015 年第 7 期。

赵锋、杨云彦：《外力冲击下水库移民生计脆弱性及其解决机制——以南水北调中线工程库区为例》，《人口与经济》2009 年第 4 期。

赵升奎等：《水库移民安置与城镇化发展相结合的机制探讨——基于向家坝、溪洛渡水库移民城镇集中安置案例分析》，《水利发展研究》2016 年第 11 期。

郑瑞强、施国庆：《西部水电移民风险管理》，社会科学文献出版社 2010 年版。

郑瑞强等：《水库移民"多样化组合"安置模式创新机理探讨》，《水力发电》2011 年第 9 期。

郑艳：《环境移民：概念辨析、理论基础及政策含义》，《中国人口·资源与环境》2013 年第 4 期。

周君璧：《新常态下避灾移民城镇化安置模式研究——以陕南移民搬迁为例》，《中国名城》2016 年第 11 期。

周君璧、施国庆：《农村家庭贫困脆弱性与扶贫对象精准确定》，《贵州社会科学》2017 年第 9 期。

朱乾宇等：《基于有序 Logit 模型的农村人口自愿转移意愿研究——三峡生态屏障区的实证分析》，《经济理论与经济管理》2012 年第 11 期。

朱益军：《结合城镇化建设的水库移民安置探讨》，《人民长江》2014 年第

8 期。

庄锦英:《决策心理学》, 上海教育出版社 2006 年版。

Adams H and Adger W N, "The contribution of ecosystem services to place utility as a determinant of migration decision-making", *Environmental Research Letters*, Vol. 8, No. 1, 2013, pp. 015006-015012.

Adams H, "Why populations persist: mobility, place attachment and climate change", *Population & Environment*, Vol. 37, No. 4, 2016, pp. 429-448.

Ajzen I and Klobas J, "Fertility intentions: An approach based on the theory of planned behavior", *Demographic Research*, Vol. 29, No. 8, 2013, pp. 203-232.

Andnet G, "Refining the impoverishment risks and reconstruction (IRR) model: A study of the models overlooked risks, evidences from the impacts of Tekeze Dam, North East Ethiopia", *Journal of Development & Agricultural Economics*, Vol. 9, No. 4, 2017, pp. 66-79.

Arnall A, Thomas D S, Tywman C and Liverman D, "Flooding resettlement, and change in livelihoods: Evidence from rural Mozambique", *Disasters*, Vol. 37, No. 3, 2013, pp. 468-488.

Arnall A, "A climate of control: flooding, displacement and planned resettlement in the Lower Zambezi River valley, Mozambique", *The Geographical Journal*, Vol. 180, No. 2, 2014, pp. 141-150.

Artur L and Hilhorst D, "Floods, resettlement and land access and use in the lower Zambezi, Mozambique", *Land Use Policy*, Vol. 36, No. 1, 2014, pp. 361-368.

Asian Development Bank, *Policy on Involuntary Resettlement*, 1996.

Asian Development Bank, *Handbook on resettlement: A guide to good practice*, Manila: Asian Development Bank, 1998.

Barnett J and Webber M, "Accommodating migration to promote adaptation to climate change", Policy Research Working Paper, 2010.

Baumert N and Kloos J, "Anticipating Emerging Risks and Vulnerabilities from Sea Level Rise Induced Preventive Resettlement in Greater Alexandria, Egypt", in Behnassi M and McGlade K, eds. *Environmental Change and Human Security in Africa and the Middle East*, Switzerland: Springer International Publishing, 2017.

Berger T, "Agent-based spatial models applied to agriculture: A simulation tool for technology diffusion, resource use changes and policy analysis", *Agricultural Economics*, Vol. 25, No. 2, 2015, pp. 245-260.

Biondo A E, Pluchino A and Rapisarda A, "Return Migration After Brain Drain: A Simulation Approach", *Journal of Artificial Societies & Social Simulation*, Vol. 16, No. 2, 2013, p. 11.

Birk T and Rasmussen K, "Migration from atolls as climate change adaptation: Current practices, barriers and options in Solomon Islands", *Natural Resources Forum*, Vol. 38, No. 1, 2014, pp. 1-13.

Black R, Adger N, Arnel N, et al., "Foresight: Migration and Global Environmental Change Final Project Report", The Government Office for Science, London, 2011.

Black R, Adger W N, Arnell N W, et al., "The Effect of Environmental Change on Human Migration", *Global Environmental Change*, Vol. 21, No. 1, 2011, pp. S3-S11.

Black R, Bennett S R G, Thomas S M, et al., "Climate change: Migration as adaptation", *Nature*, Vol. 478, No. 7370, 2011, pp. 447-449.

Boano C, Zetter R, Morris T, et al., "Environmentally displaced people: Understanding the linkages between environmental change, livelihoods and forced migration", *Refugee Studies Centre*, Vol. 19, No. 10, 2008, pp. 60-64.

Bui T M H, Schreinemachers P and Berger T, "Hydropower development in Vietnam: Involuntary resettlement and factors enabling rehabilitation", *Land Use Policy*, Vol. 31, No. 31, 2013, pp. 536-544.

Cai R, Esipova N, Oppenheimer M, et al., "International migration desires related to subjective well-being", *IZA Journal of Migration*, Vol. 3, No. 1, 2014, pp. 1-20.

Carr D L, "Migration to the Maya Biosphere Reserve, Guatemala: Why place matters", *Human Organization*, Vol. 67, No. 1, 2008, p. 37.

Cernea A, "Continuous version of Filippov's theorem for a Sturm-Liouville type differential inclusion", *Electronic Journal of Differential Equations*, No. 53, 2008, pp. 204-208.

Cernea M M and Kai S S, "Poverty Risks and National Parks: Policy Issues in Conservation and Resettlement", *World Development*, Vol. 34, No. 10, 2006, pp. 1808-1830.

Cernea M M, "Risks, Safeguards and Reconstruction: A Model for Population Displacement and Resettlement", *Economic & Political Weekly*, Vol. 35, No. 41, 2000, pp. 3659-3678.

Cernea M M, "The economics of involuntary resettlement: Questions and challenges", *Economics of Involuntary Resettlement Questions & Challenges*, Vol. 40, No. 1, 1999, pp. 101-106.

Chaudhuri S, Jalan J and Suryahadi A, "Assessing household vulnerability to poverty from cross-sectional data: A methodology and estimates from Indonesia", Discussion Paper, Columbia University, 2002.

Chen X and Zhan F B, "Agent-Based Modelling and Simulation of Urban Evacuation: Relative Effectiveness of Simultaneous and Staged Evacuation Strategies", *Journal of the Operational Research Society*, Vol. 59, No. 1, 2008, pp. 25-33.

Cheng J, Young C, Zhang X, et al., "Comparing inter-migration within the European Union and China: An initial exploration", *European Journal of*

Biochemistry, Vol. 2, No. 1, 2014, pp. 707-716.

Claudianos P, "Out of Harm's Way: Preventive Resettlement of at Risk Informal Settlers in Highly Disaster-Prone Areas", *Procedia Economics & Finance*, Vol. 18, No. 14, 2014, pp. 312-319.

Correa, Elena (ed), *Preventive resettlement of populations at risk of disaster: Experiences from Latin America*, World Bank, the Global Facility for Disaster Reduction and Recovery, 2011.

Dawid H, Gemkow S, Harting P, et al., Agent-Based Macroeconomic Modeling and Plicy Analysis: The Eurace@Unibi Model. In: *The Oxford Handbook of Computational Economics and Finance*. Chen S-H, Kaboudan M, Du Y-R (Eds). New York: Oxford University Press, pp. 490-519.

De Groot C, Mulder C H and Manting D, "Intentions to move and actual moving behavior in the Netherlands", *Housing Studies*, Vol. 26, No. 3, 2011, pp. 307-328.

De Jong G F and Fawcett J T, "Motivations for Migration: An Assessment and a Value-Expectancy Research Model", in De Jong G F and Gardner R W, *Migration Decision Making: Multidisciplinary Approaches to Micrdevel Studies in Developed and Developing Countries*, New York: Peragmon Press, 1981.

De Jong G F, "Expectations, gender, and norms in migration decision-making", *Population Studies*, Vol. 54, No. 3, 2000, pp. 307-319.

Downing T E, "Avoiding New Poverty: Mining-Induced Displacement and Resettlement, Development Induced Displacement Problems", MMSD Working Paper, No. 58, 2002.

Edwards J B, "The Logistics of Climate-Induced Resettlement: Lessons from the Carteret Islands, Papua New Guinea", *Refugee Survey Quarterly*, Vol. 32, No. 3, 2013, pp. 52-78.

Entwisle B, Williams N E, Verdery A M, et al., "Climate Shocks and Migration: An Agent-Based Modeling Approach", *Population & Environment*,

Vol. 38，No. 1，2016，pp. 47－71.

Fagiolo G and Roventini A，"Macroeconomic Policy in DSGE and Agent－Based Models"，*Social Science Electronic Publishing*，Vol. 124，No. 5，2012，pp. 67－116.

Ferris E，"Protection and Planned Relocations in the Context of Climate Change"，*Un High Commissioner for Refugees*，International Protection，Geneva，Switzerland，2012.

Flippen C，"Relative Deprivation and Internal Migration in the United States：A Comparison of Black and White Men1"，*American Journal of Sociology*，Vol. 118，No. 5，2013，pp. 1161－1198.

Forster E，*Migration Decision－making Processes：An Empirical Investigation*，Edinburgh：Edinburgh Napier University，2000.

Fotheringham A S，Champion T，Wymer C，et al.，"Measuring destination attractivity：A migration example"，*International Journal of Population Geography*，Vol. 6，No. 6，2000，pp. 391－421.

Fox C R，Poldrack R A，"Prospect Theory and the Brain"，in Glimcher P W，Camerer C F，Fehr E and Poldrack R A，eds. Neuroeconomics：*Decision Making and The Brain*，New York：Academic Press，2009.

Frayret J M，D'Amours S，Rousseau A，et al.，"Agent－based supply－chain planning in the forest products industry"，*International Journal of Flexible Manufacturing Systems*，Vol. 19，No. 4，2007，pp. 358－391.

Goodwin P，"Judgment and decision making：An interdisciplinary reader"，*International Journal of Forecasting*，Vol. 16，No. 3，2000，pp. 429－430.

Haas H D and Fokkema T，"The effects of integration and transnational ties on international return migration intentions"，*Demographic Research*，Vol. 25，No. 24，2011，pp. 755－782.

Haber G，"Monetary and Fiscal Policy Analysis with an Agent－Based Macroeconomic Model"，*Jahrbücher Für Nationalökonomie Und Statistik*，Vol. 228，

No. 2, 2008, pp. 276-295.

Haug S, "Migration Networks and Migration Decision-Making", *Journal of Ethnic & Migration Studies*, Vol. 34, No. 4, 2008, pp. 585-605.

Hillmann F, Pahl M, Rafflenbeul B, et al., "Introduction: Re-locating the Nexus of Migration, Environmental Change and Adaptation", in Hillmann F, Pahl Marie, Rafflenbeul B and Sterly H eds. *Environmental Change, Adaptation and Migration*, London: Palgrave Macmillan UK, 2015.

Hirano S, *Learning from Urban Transitional Settlement Response in the Philippines: Housing, Land and Property Issues*, Catholic Relief Services, 2012.

Hiwatari M, "Social networks and migration decisions: The influence of peer effects in rural households in Central Asia", *Journal of Comparative Economics*, Vol. 44, No. 4, 2016, pp. 1115-1131.

Hu Z J, "Preventive Resettlement and Risk Reduction Strategy Analysis in Disaster Risk Management System", *Advanced Materials Research*, Vol. 838-841, 2014, pp. 2185-2189.

Hugo G, "Village-community ties village norms ethnic and social networks in migration decision making and behaviour: A review of evidence from the third world", In: Gordon F D, Robert W and Garder, Eds., Migration Decision Making: Multidisciplinary Approaches to Micro Level Studies in Developed and Developing Countries, Pergamon Press, New York, pp. 186-225.

Hurlimann A and Dolnicar S, "Voluntary relocation-An exploration of Australian attitudes in the context of drought, recycled and desalinated water", *Global Environmental Change*, Vol. 21, No. 3, 2011, pp. 1084-1094.

Jodha N S, "Mountain agriculture: The search for sustainability", *Journal for Farming Systems Research-Extension*, Vol. 1, No. 1, 1990, pp. 55-75.

Kahneman D, Tversky A, "Prospect Theory: An Analysis of Decision under Risk Title", *Econometrica*, Vol. 47, No. 2, 1979, pp. 263-291.

Kai N and Schreckenberg M，"A cellular automaton model for freeway traffic"，
　　Journal De Physique I，Vol. 2，No. 12，1992，pp. 2221-2229.

Katano H，Masago A and Yamada K，"Human mobility in response to rainfall
　　variability：Opportunities for migration as a successful adaptation strategy in
　　eight case studies"，*Migration & Development*，Vol. 5，No. 2，2016，
　　pp. 254-274.

Kiesling E，Günther M，Stummer C，et al.，"Agent-based simulation of inno-
　　vation diffusion：A review"，*Central European Journal of Operations Re-
　　search*，Vol. 20，No. 2，2012，pp. 183-230.

King D，Bird D，Haynes K，et al.，"Voluntary relocation as an adaptation
　　strategy to extreme weather events"，*International Journal of Disaster Risk Re-
　　duction*，No. 8，2014，pp. 83-90.

Klabunde A and Willekens F，"Decision-Making in Agent-Based Models of Mi-
　　gration：State of the Art and Challenges"，*European Journal of Population*，
　　Vol. 32，No. 1，2016，pp. 1-25.

Klabunde A，"An agent-based decision model of migration，Embedded in the
　　life course-Model description in ODD + D format"，Unpublished Paper，
　　MPIDR，Rostock，2014.

Kloos J and Baumert N，"Preventive resettlement in anticipation of sea level rise：
　　A choice experiment from Alexandria，Egypt"，*Natural Hazards*，Vol. 76，
　　No. 1，2015，pp. 99-121.

Koubi V，Spilker G，Schaffer L，et al.，"The role of environmental perceptions
　　in migration decision-making：Evidence from both migrants and non-mi-
　　grants in five developing countries"，*Population & Environment*，Vol. 38，
　　No. 2，2016，pp. 1-30.

Lee E S，"A Theory of Migration"，*Demography*，Vol. 3，No. 1，1966，
　　pp. 47-57.

Leitão P，"Agent-based distributed manufacturing control：A state-of-the-art survey", *Engineering Applications of Artificial Intelligence*, Vol. 22, No. 7, 2009, pp. 979–991.

Li Y J, López-carr D and Chen Wc, "Factors Affecting Migration Intentions in Ecological Restoration Areas and Their Implications for the Sustainability of Ecological Migration Policy in Arid Northwest China", *Sustainability*, Vol. 6, No. 12, 2014, pp. 8639–8660.

Ligon E and Schechter L, "Measuring vulnerability", *Economic Journal*, Vol. 113, No. 486, 2003, pp. 95–102.

Lo K and Wang M, "How voluntary is poverty alleviation resettlement in China?" *Habitat International*, No. 73, 2018, pp. 34–42.

Lo K, Xue L and Wang M, "Spatial restructuring through poverty alleviation resettlement in rural China", *Journal of Rural Studies*, No. 47, 2016, pp. 496–505.

Mackinnon D P, Lockwood C M, Hoffman J M, et al., "A comparison of methods to test mediation and other intervening variable effects", *Psychological Methods*, Vol. 7, No. 1, 2002, pp. 83–104.

Mannion P, Duggan J and Howley E, "An Experimental Review of Reinforcement Learning Algorithms for Adaptive Traffic Signal Control", in Mccluskey T L, Kotsialos A, Müller J P eds. *Autonomic Road Transport Support Systems*, Switzerland: Springer International Publishing, 2016.

Marino E, "The long history of environmental migration: Assessing vulnerability construction and obstacles to successful relocation in Shishmaref, Alaska", *Global Environmental Change*, Vol. 22, No. 2, 2012, pp. 374–381.

Martin S F, "Environmental change and migration: Legal and political frameworks", *Environment & Planning C Government & Policy*, Vol. 30, No. 6, 2012, pp. 1045–1060.

Massey D S, Arango J, Hugo G, et al., "Theories of international migration: A review and appraisal", *Population and Development Review*, Vol. 19,

No. 3, 1993, pp. 431-466.

Mcadam J, Ferris E, "Planned Relocations in the Context of Climate Change: Unpacking the Legal and Conceptual Issues", *Cambridge Journal of International and Comparative Law*, Vol. 4, No. 1, 2015, pp. 137-166.

Mcdowell C, "Involuntary Resettlement, Impoverishment Risks and Sustainable Livelihoods", *Australasian Journal of Disaster & Trauma Studies*, No. 2, 2002, pp. 1-10.

Mcleman R and Smit B, "Migration as an Adaptation to Climate Change", *Climatic Change*, Vol. 76, No. 1, 2006, pp. 31-53.

Mes M, Heijden M V D and Harten A V, "Comparison of agent-based scheduling to look-ahead heuristics for real-time transportation problems", *European Journal of Operational Research*, Vol. 181, No. 1, 2007, pp. 59-75.

Milan A, Ruano S, "Rainfall variability, food insecurity and migration in Cabricán, Guatemala", *Climate & Development*, Vol. 6, No. 1, 2014, pp. 61-68.

Monostori L, Váncza J and Kumara S R T, "Agent-Based Systems for Manufacturing", *CIRP Annals-Manufacturing Technology*, Vol. 55, No. 2, 2015, pp. 697-720.

Moss S, Downing T E and Rouchier J, "Demonstrating the Role of Stakeholder Participation: An Agent Based Social Simulation Model of Water Demand Policy and Response", CPM Report, 2000.

Mostowska M, "Homelessness Abroad: 'Place Utility' in the Narratives of the Polish Homeless in Brussels", *International Migration*, Vol. 52, No. 1, 2012, pp. 118-129.

Negahban A and Yilmaz L, "Agent-based simulation applications in marketing research: An integrated review", *Journal of Simulation*, Vol. 8, No. 2, 2014, pp. 129-142.

Okada T, Haynes K, Bird D, et al., "Recovery and resettlement following the

2011 flash flooding in the Lockyer Valley", *International Journal of Disaster Risk Reduction*, No. 8, 2014, pp. 20–31.

Orr M G, Thrush R and Plaut D C, "The theory of reasoned action as parallel constraint satisfaction: Towards a dynamic computational model of health behavior", *Plos One*, Vol. 8, No. 5, 2013, pp. 1–11.

Pan Y, Zhou Z, Feng Q, et al., "Study on the Selection and Moving Model of the Poverty Alleviation and Resettlement in the Typical Karst Mountain Area", International Conference on Geo–Informatics in Resource Management and Sustainable Ecosystems, Singapore, 2016.

Petz D, "Planned relocations in the context of natural disasters and climate change: A review of the literature", *Physiological Measurement*, Vol. 29, No. 6, 2015, pp. 241–254.

Phelps P M, Safer Homes, *Stronger Communities: A Handbook for Reconstructing After Natural Disasters*, Washington, D C: The World Bank, 2010.

Pritchett L, Suryahadi A and Sumarto S, "Quantifying vulnerability to poverty: A proposed measure, applied to Indonesia", Policy Research Working Paper, No. 2437, 2000.

Reichlová N, "Can the Theory of Motivation Explain Migration Decisions?" *Working Papers Ies*, No. 97, Charles University Prague, Faculty of Social Sciences, Institute of Economic Studies, 2005.

Reuveny R, "Climate change–induced migration and violent conflict", *Political Geography*, Vol. 26, No. 6, 2007, pp. 656–673.

Reuveny R, "Ecomigration and Violent Conflict: Case Studies and Public Policy Implications", *Human Ecology*, Vol. 36, No. 1, 2008, pp. 1–13.

Ryan L, "Migrants' social networks and weak ties: Accessing resources and constructing relationships post – migration", *Sociological Review*, Vol. 59, No. 4, 2011, pp. 707–724.

Schmidt–Soltau K, Brockington D, "Protected Areas and Resettlement: What

Scope for Voluntary Relocation?", *World Development*, Vol. 35, No. 12, 2007, pp. 2182-2202.

Shen W, Hao Q, Yoon H J, et al., "Applications of agent-based systems in intelligent manufacturing: An updated review", *Advanced Engineering Informatics*, Vol. 20, No. 4, 2006, pp. 415-431.

Shi J, Ren A and Chen C, "Agent-based evacuation model of large public buildings under fire conditions", *Automation in Construction*, Vol. 18, No. 3, 2009, pp. 338-347.

Slovic P, "Perception of Risk", *Science*, Vol. 236, No. 4799, 1987, pp. 280-285.

Sly D F and Wrigley J M, "Migration decision making and migration behavior in rural Kenya", *Population and Environment*, Vol. 8, No. 1, 1985, pp. 78-97.

Sonderegger-Wakolbinger L M and Stummer C, "An agent-based simulation of customer multi-channel choice behavior", *Central European Journal of Operations Research*, Vol. 23, No. 2, 2015, pp. 1-19.

Sun W, Zong G, Scott J, et al., "Rural-urban migration decision making processes: A whole and personal support network analysis", *International Journal of Information & Decision Sciences*, Vol. 5, No. 3, 2013, pp. 312-330.

Tacoli C, "Crisis or adaptation? Migration and climate change in a context of high mobility", *Environment & Urbanization*, Vol. 21, No. 2, 2009, pp. 513-525.

Taiban S, "From Rekai to Labelabe: Disaster and relocation on the example of Kucapungane, Taiwan", *Anthropological Notebooks*, Vol. 19, No. 1, 2013, pp. 59-76.

Terminski B, *The Concept of Human Security as a Tool for Analysing the Consequences of Development-Induced Displacement and Resettlement*, Social Science Electronic Publishing，2012，SSRN：Working Paper.

Tversky A and Kahneman D，"Advances in Prospect Theory：Cumulative Representation of Uncertainty"，*Journal of Risk & Uncertainty*，Vol. 5，No. 4，1992，pp. 297-323.

Uscher-Pines L，"Health effects of relocation following disaster：A systematic review of the literature"，*Disasters*，Vol. 33，No. 1，2009，pp. 1-22.

Van Berkel D B and Verburg P H，"Combining exploratory scenarios and participatory backcasting：Using an agent-based model in participatory policy design for a multi-functional landscape"，*Landscape Ecology*，Vol. 27，No. 5，2012，pp. 641-658.

Van Dalen H and Henkens K，"Explaining emigration intentions and behavior in the Netherlands"，*Population Studies*，Vol. 67，No. 2，2013，pp. 225-241.

Verdicchio M and Colombetti M， "*Commitments for agent-based supply chain management* "，ACM SIGecom Exchanges，Vol. 3，No. 1，2002，pp. 13-23.

Willekens F，"The Decision to Emigrate：A Simulation Model Based on the Theory of Planned Behaviour"，in Grow A and van Bavel J，eds. Agent-Based Modelling in Population Studies，Switzerland：Springer International Publishing，2017.

Wolpert J，"Migration as an Adjustment to Environmental Stress"，*Journal of Social Issues*，Vol. 22，No. 4，1966，pp. 92-102.

Wong K K，"Partial least square structural equation modeling（PLS-SEM）techniques using Smart PLS"，*Marketing Bulletin*，Vol. 24，No. 1，2013，pp. 1-32.

Xue L，Wang M Y and Xue T， " 'Voluntary' Poverty Alleviation Resettlement in China"，*Development & Change*，Vol. 44，No. 5，2013，pp. 1159-1180.

Zavalloni M，Raggi M，Targetti S，et al.，"Agricultural policies and the emergence of voluntary landscape enhancement efforts：An exploratory analysis of rural tourism using an agent-based model"，*Journal of Environmental Planning & Management*，Vol. 58，No. 12，2015，pp. 2159-2175.

索　引

A

安置方式　4，7，37，39，43，44，46-
　48，50-52，54，55，129，155，159

B

搬得出　2，31，35，41，46，52-54，
　58，74，104，152，155，159，
　160，164

搬迁成本　9，12，62，63，101-103，
　118，120，138，140，142，156，
　159，161

搬迁态度　70，72，75，86，99

搬迁障碍　9，27，29，75，101，103，
　118，120，156

被动移民　32

C

城镇化安置　7，39，44，48

D

单次移民　33，34，155

单一因素移民　33

地方效用理论　17-19，69-71，87，95，
　99，162

多因素移民　33

F

非自愿移民　3，4，13，32，35，36，54

G

规范决策理论　10

国际移民　32

国内移民　32-34，155

J

基于主体的模型　14，16，27，29，30，

后 记

本书顺利完成，要感谢我的博士生导师施国庆教授。施老师是移民科学领域的资深专家、学术大咖，对于社会科学的前沿问题具有独到的战略眼光。施老师经常提醒我们，移民科学研究要"接地气"，要理论联系实际，通过深入调研获得第一手数据来完成，切不可脱离实际。本书正是在这一理念的指导下，从易地扶贫搬迁过程中遇到的实际问题入手，提出了农户搬迁决策的"W-A-P"理论模型。对于本书的研究工作，施老师倾注了大量的心血，在此向施老师表示感谢。

感谢澳大利亚墨尔本大学基础设施工程系 Abbas Rajabifard 教授邀请我到墨尔本大学灾害管理与公共安全中心（CDMPS）学习，感谢 Soheil Sabri 博士对我的悉心指导。

感谢水电水利规划设计总院郭万侦和王奎对我工作的支持，在水电水利规划设计总院工作期间，我参与了多项国内水电工程的技术评审工作，通过多次赴库区、安置区查勘、调研，加深了我对移民工作的认知。

感谢我的博士后合作导师王胜光研究员，王老师在我博士后在站期间给我提供了大量的项目参与机会，对于本书的修改提出了参考建议，在此表示感谢。

特别感谢原国务院扶贫开发领导小组办公室全国扶贫宣传教育中心"扶贫高级人才培养工程之博士论文资助项目"对本书给予的支持。

需要特别说明的是，本书的观点和内容仅代表本人观点，不代表所在单位意见。受本人学识和阅历所限，书中错误疏漏在所难免，一些观点值得商榷，敬请读者批评指正。

感谢一路走来所有帮助过我的领导、老师、同事、同学和朋友们，谢谢你们!

周君璧

2021 年 2 月 1 日

专家推荐表

第十批《中国社会科学博士后文库》专家推荐表1

　　《中国社会科学博士后文库》由中国社会科学院与全国博士后管理委员会共同设立，旨在集中推出选题立意高、成果质量高、真正反映当前我国哲学社会科学领域博士后研究最高学术水准的创新成果，充分发挥哲学社会科学优秀博士后科研成果和优秀博士后人才的引领示范作用，让《文库》著作真正成为时代的符号、学术的示范。

推荐专家姓名	施国庆	电　　话	
专业技术职务	教授、博士生导师	研究专长	管理科学、移民科学与社会发展
工作单位	河海大学	行政职务	中国移民研究中心主任、社会发展研究所所长
推荐成果名称	易地扶贫搬迁中的农户搬迁决策研究		
成果作者姓名	周君璧		

（对书稿的学术创新、理论价值、现实意义、政治理论倾向及是否具有出版价值等方面做出全面评价，并指出其不足之处）

　　历时十年的易地扶贫搬迁工程已累计让千万贫困人口摆脱贫困。这是人类历史上一次浩大的搬迁工程，也是运用移民搬迁手段帮助贫困地区特别是深度贫困地区的群众摆脱贫困的伟大实践。易地扶贫搬迁与传统的工程移民、难民迁移等非自愿移民和城乡之间的自发性人口迁移等自愿移民不同，既带有一定的政府意志性，同时又赋予移民选择权，是政府主导下的移民自愿搬迁。相较纯自愿移民和纯非自愿移民，易地扶贫搬迁的决策过程和机理更加复杂，需要综合考虑移民心理、环境推拉力、政策等多重因素。如果没有对移民决策机制、机理进行有效的分析，并针对农户搬迁障碍进行有效政策激励，容易出现移民不愿搬迁、抵制搬迁，甚至返迁等严重不良后果，成为社会的不稳定因素。然而，在现有的出版物中，缺乏对政府主导下移民自愿搬迁的决策问题的研究。

　　本书在经典的人口迁移理论、行为决策理论的基础上，不仅考虑"搬迁意愿"，还考虑"搬迁能力"，并加入政策因子，构建了农户搬迁决策理论分析框架"W-A-P"模型，丰富了政府主导下的移民决策理论。本书以陕南易地扶贫搬迁为例，运用实证数据对模型进行分析、计算，并利用计算机仿真技术对模型进行了检验。从实践意义来看，本书不仅对我国今后开展政府主导下的移民搬迁具有指导意义，同时从构建人类命运共同体的角度，对于其他发展中国家开展政府主导下的移民搬迁也具有指导意义，符合"讲好中国故事，传递中国经验"的主旋律。

本书的重大理论贡献之一是提出了"W-A-P"农户搬迁决策理论框架，对于政府主导下的移民自愿搬迁具有很强的理论指导性。此外，基于计算机仿真技术与调研数据结合的定量政策分析方法提出的政策优化建议，对于政策制定者具有实际贡献。因此，本人认为本书有较大的出版价值，建议资助本书出版，并建议在后续的移民实践中不断完善、丰富该理论模型。

签字：施国庆

2021 年 3 月 1 日

说明：该推荐表须由具有正高级专业技术职务的同行专家填写，并由推荐人亲自签字，一旦推荐，须承担个人信誉责任。如推荐书稿入选《文库》，推荐专家姓名及推荐意见将印入著作。

第十批《中国社会科学博士后文库》专家推荐表 2

  《中国社会科学博士后文库》由中国社会科学院与全国博士后管理委员会共同设立，旨在集中推出选题立意高、成果质量高、真正反映当前我国哲学社会科学领域博士后研究最高学术水准的创新成果，充分发挥哲学社会科学优秀博士后科研成果和优秀博士后人才的引领示范作用，让《文库》著作真正成为时代的符号、学术的示范。

推荐专家姓名	王胜光	电　话	
专业技术职务	研究员、博士生导师	研究专长	管理科学、科技战略与政策
工作单位	中国科学院科技战略咨询研究院	行政职务	党支部委员
推荐成果名称	易地扶贫搬迁中的农户搬迁决策研究		
成果作者姓名	周君璧		

（对书稿的学术创新、理论价值、现实意义、政治理论倾向及是否具有出版价值等方面做出全面评价，并指出其不足之处）

  2021年2月25日，习近平总书记在全国脱贫攻坚总结表彰大会上宣布，我国脱贫攻坚战取得了全面胜利，现行标准下9899万农村贫困人口全部脱贫。中国脱贫攻坚之所以能取得伟大成就，创造彪炳史册的奇迹，离不开科学的发展理念和有效的精准脱贫制度设计。易地扶贫搬迁是精准扶贫、精准脱贫"五个一批"的重要手段，是由政府主导下的农户的自愿搬迁，解决了千万贫困人口的贫困问题，不论是对于今后其他的移民搬迁还是对其他发展中国家开展扶贫搬迁工作都树立了标杆。

  决策问题一直是管理学中的经典问题。本书系统界定了易地扶贫搬迁中的农户搬迁决策的属性边界，并构建了一个决策模型，即"W-A-P"模型，据此模型，探讨了三个问题：一是农户的搬迁意愿如何，哪些因素影响农户的搬迁意愿；二是农户的搬迁能力如何，哪些能力是影响农户搬迁决策的关键能力；三是哪些政策影响了农户的搬迁决策，应如何对政策进行改进。因此，易地扶贫搬迁中的农户搬迁决策问题具有学术研究价值和现实研究意义。

  本书具有三大理论创新：第一，构建了新分析框架。运用计划行为理论、地方效用理论、期望理论等传统人口迁移决策理论，并结合中国易地扶贫搬迁的实际情况，提出农户搬迁决策"W-A-P"模型。第二，运用了新方法。运用基于主体的模型对易地扶贫搬迁政策进行模拟，并根据模拟结果提出政策改进的相关建议，这与目前基于定性分析或简单调查提出政策建议的研究有很大不同，属于政策定量分析在该研究领域的创新运用。第三，提出了新观点。本书认为易地扶贫搬迁不能将农户简单地划分为愿意搬迁和不愿意搬迁两类，还存在大量"想搬未搬"的搬迁能力不足的农户被误归为"不愿搬迁"的群体，于是创新采用搬迁意愿与搬迁能力构成的平面"四象限"分类法对农户进行归类。

  总之，本书具有较大的出版价值，建议资助出版，并建议在后续的研究中继续补充、完善研究框架。

签字：（签名）

2021 年 3 月 1 日

说明：该推荐表须由具有正高级专业技术职务的同行专家填写，并由推荐人亲自签字，一旦推荐，须承担个人信誉责任。如推荐书稿入选《文库》，推荐专家姓名及推荐意见将印入著作。

经济管理出版社
《中国社会科学博士后文库》
成果目录

序号	第一批《中国社会科学博士后文库》书　名	作　者
1	《"中国式"分权的一个理论探索》	汤玉刚
2	《独立审计信用监管机制研究》	王　慧
3	《对冲基金监管制度研究》	王　刚
4	《公开与透明：国有大企业信息披露制度研究》	郭媛媛
5	《公司转型：中国公司制度改革的新视角》	安青松
6	《基于社会资本视角的创业研究》	刘兴国
7	《金融效率与中国产业发展问题研究》	余　剑
8	《进入方式、内部贸易与外资企业绩效研究》	王进猛
9	《旅游生态位理论、方法与应用研究》	向延平
10	《农村经济管理研究的新视角》	孟　涛
11	《生产性服务业与中国产业结构演变关系的量化研究》	沈家文
12	《提升企业创新能力及其组织绩效研究》	王　涛
13	《体制转轨视角下的企业家精神及其对经济增长的影响》	董　昀
14	《刑事经济性处分研究》	向　燕
15	《中国行业收入差距问题研究》	武　鹏
16	《中国土地法体系构建与制度创新研究》	吴春岐
17	《转型经济条件下中国自然垄断产业的有效竞争研究》	胡德宝

序号	书　名	作　者
1	《国有大型企业制度改造的理论与实践》	董仕军
2	《后福特制生产方式下的流通组织理论研究》	宋宪萍
3	《基于场景理论的我国城市择居行为及房价空间差异问题研究》	吴　迪
4	《基于能力方法的福利经济学》	汪毅霖
5	《金融发展与企业家创业》	张龙耀
6	《金融危机、影子银行与中国银行业发展研究》	郭春松
7	《经济周期、经济转型与商业银行系统性风险管理》	李关政
8	《境内企业境外上市监管问题研究》	刘　轶
9	《生态维度下土地规划管理及其法制考量》	胡耘通
10	《市场预期、利率期限结构与间接货币政策转型》	李宏瑾
11	《直线幕僚体系、异常管理决策与企业动态能力》	杜长征
12	《中国产业转移的区域福利效应研究》	孙浩进
13	《中国低碳经济发展与低碳金融机制研究》	乔海曙
14	《中国地方政府绩效管理研究》	朱衍强
15	《中国工业经济运行效益分析与评价》	张航燕
16	《中国经济增长：一个"破坏性创造"的内生增长模型》	韩忠亮
17	《中国老年收入保障体系研究》	梅　哲
18	《中国农民工的住房问题研究》	董　昕
19	《中美高管薪酬制度比较研究》	胡　玲
20	《转型与整合：跨国物流集团业务升级战略研究》	杜培枫

序号	书　名	作　者
1	《程序正义与人的存在》	朱　丹
2	《高技术服务业外商直接投资对东道国制造业效率影响的研究》	华广敏
3	《国际货币体系多元化与人民币汇率动态研究》	林　楠
4	《基于经常项目失衡的金融危机研究》	匡可可
5	《金融创新与监管及其宏观效应研究》	薛昊旸
6	《金融服务县域经济发展研究》	郭兴平
7	《军事供应链集成》	曾　勇
8	《科技型中小企业金融服务研究》	刘　飞
9	《农村基层医疗卫生机构运行机制研究》	张奎力
10	《农村信贷风险研究》	高雄伟
11	《评级与监管》	武　钰
12	《企业吸收能力与技术创新关系实证研究》	孙　婧
13	《统筹城乡发展背景下的农民工返乡创业研究》	唐　杰
14	《我国购买美国国债策略研究》	王　立
15	《我国行业反垄断和公共行政改革研究》	谢国旺
16	《我国农村剩余劳动力向城镇转移的制度约束研究》	王海全
17	《我国吸引和有效发挥高端人才作用的对策研究》	张　瑾
18	《系统重要性金融机构的识别与监管研究》	钟　震
19	《中国地区经济发展差距与地区生产率差距研究》	李晓萍
20	《我国国有企业对外直接投资的微观效应研究》	常玉春
21	《中国可再生能源决策支持系统中的数据、方法与模型研究》	代春艳
22	《中国劳动力素质提升对产业升级的促进作用分析》	梁泳梅
23	《中国少数民族犯罪及其对策研究》	吴大华
24	《中国西部地区优势产业发展与促进政策》	赵果庆
25	《主权财富基金监管研究》	李　虹
26	《专家对第三人责任论》	周友军

第四批《中国社会科学博士后文库》

序号	书 名	作 者
1	《地方政府行为与中国经济波动》	李 猛
2	《东亚区域生产网络与全球经济失衡》	刘德伟
3	《互联网金融竞争力研究》	李继尊
4	《开放经济视角下中国环境污染的影响因素分析研究》	谢 锐
5	《矿业权政策性整合法律问题研究》	郗伟明
6	《老年长期照护：制度选择与国际比较》	张盈华
7	《农地征用冲突：形成机理与调适化解机制研究》	孟宏斌
8	《品牌原产地虚假对消费者购买意愿的影响研究》	南剑飞
9	《清朝旗民法律关系研究》	高中华
10	《人口结构与经济增长》	巩勋洲
11	《食用农产品战略供应关系治理研究》	陈 梅
12	《我国低碳发展的激励问题研究》	宋 蕾
13	《我国战略性海洋新兴产业发展政策研究》	仲雯雯
14	《银行集团并表管理与监管问题研究》	毛竹青
15	《中国村镇银行可持续发展研究》	常 戈
16	《中国地方政府规模与结构优化：理论、模型与实证研究》	罗 植
17	《中国服务外包发展战略及政策选择》	霍景东
18	《转变中的美联储》	黄胤英

第五批《中国社会科学博士后文库》

序号	书　名	作　者
1	《财务灵活性对上市公司财务政策的影响机制研究》	张玮婷
2	《财政分权、地方政府行为与经济发展》	杨志宏
3	《城市化进程中的劳动力流动与犯罪：实证研究与公共政策》	陈春良
4	《公司债券融资需求、工具选择和机制设计》	李　湛
5	《互补营销研究》	周　沛
6	《基于拍卖与金融契约的地方政府自行发债机制设计研究》	王治国
7	《经济学能够成为硬科学吗?》	汪毅霖
8	《科学知识网络理论与实践》	吕鹏辉
9	《欧盟社会养老保险开放性协调机制研究》	王美桃
10	《司法体制改革进程中的控权机制研究》	武晓慧
11	《我国商业银行资产管理业务的发展趋势与生态环境研究》	姚　良
12	《异质性企业国际化路径选择研究》	李春顶
13	《中国大学技术转移与知识产权制度关系演进的案例研究》	张　寒
14	《中国垄断性行业的政府管制体系研究》	陈　林

第六批《中国社会科学博士后文库》

序号	书 名	作 者
1	《城市化进程中土地资源配置的效率与平等》	戴媛媛
2	《高技术服务业进口对制造业效率影响研究》	华广敏
3	《环境监管中的"数字减排"困局及其成因机理研究》	董 阳
4	《基于竞争情报的战略联盟关系风险管理研究》	张 超
5	《基于劳动力迁移的城市规模增长研究》	王 宁
6	《金融支持战略性新兴产业发展研究》	余 剑
7	《粮食流通与市场整合——以乾隆时期长江中游为中心的考察》	赵伟洪
8	《文物保护绩效管理研究》	满 莉
9	《我国开放式基金绩效研究》	苏 辛
10	《医疗市场、医疗组织与激励动机研究》	方 燕
11	《中国的影子银行与股票市场：内在关联与作用机理》	李锦成
12	《中国应急预算管理与改革》	陈建华
13	《资本账户开放的金融风险及管理研究》	陈创练
14	《组织超越——企业如何克服组织惰性与实现持续成长》	白景坤

第七批《中国社会科学博士后文库》

序号	书　名	作　者
1	《行为金融视角下的人民币汇率形成机理及最优波动区间研究》	陈　华
2	《设计、制造与互联网"三业"融合创新与制造业转型升级研究》	赖红波
3	《复杂投资行为与资本市场异象——计算实验金融研究》	隆云滔
4	《长期经济增长的趋势与动力研究：国际比较与中国实证》	楠　玉
5	《流动性过剩与宏观资产负债表研究：基于流量存量一致性框架》	邵　宇
6	《绩效视角下我国政府执行力提升研究》	王福波
7	《互联网消费信贷：模式、风险与证券化》	王晋之
8	《农业低碳生产综合评价与技术采用研究——以施肥和保护性耕作为例》	王珊珊
9	《数字金融产业创新发展、传导效应与风险监管研究》	姚　博
10	《"互联网+"时代互联网产业相关市场界定研究》	占　佳
11	《我国面向西南开放的图书馆联盟战略研究》	赵益民
12	《全球价值链背景下中国服务外包产业竞争力测算及溢出效应研究》	朱福林
13	《债务、风险与监管——实体经济债务变化与金融系统性风险监管研究》	朱太辉

第八批《中国社会科学博士后文库》

序号	书　名	作　者
1	《分配正义的实证之维——实证社会选择的中国应用》	汪毅霖
2	《金融网络视角下的系统风险与宏观审慎政策》	贾彦东
3	《基于大数据的人口流动流量、流向新变化研究》	周晓津
4	《我国电力产业成本监管的机制设计——防范规制合谋视角》	杨菲菲
5	《货币政策、债务期限结构与企业投资行为研究》	钟　凯
6	《基层政区改革视野下的社区治理优化路径研究：以上海为例》	熊　竞
7	《大国版图：中国工业化 70 年空间格局演变》	胡　伟
8	《国家审计与预算绩效研究——基于服务国家治理的视角》	谢柳芳
9	《包容型领导对下属创造力的影响机制研究》	古银华
10	《国际传播范式的中国探索与策略重构——基于会展国际传播的研究》	郭　立
11	《唐代东都职官制度研究》	王　苗

第九批《中国社会科学博士后文库》

序号	书　名	作　者
1	《中度偏离单位根过程前沿理论研究》	郭刚正
2	《金融监管权"三维配置"体系研究》	钟　震
3	《大股东违规减持及其治理机制研究》	吴先聪
4	《阶段性技术进步细分与技术创新效率随机变动研究》	王必好
5	《养老金融发展及政策支持研究》	娄飞鹏
6	《中等收入转型特征与路径：基于新结构经济学的理论与实证分析》	朱　兰
7	《空间视角下产业平衡充分发展：理论探索与经验分析》	董亚宁
8	《中国城市住房金融化论》	李　嘉
9	《实验宏观经济学的理论框架与政策应用研究》	付婷婷

第十批《中国社会科学博士后文库》

序号	书　名	作　者
1	《中国服务业集聚研究：特征、成因及影响》	王　猛
2	《中国出口低加成率之谜：形成机制与优化路径》	许　明
3	《易地扶贫搬迁中的农户搬迁决策研究》	周君璧
4	《中国政府和社会资本合作发展评估》	程　哲
5	《公共转移支付、私人转移支付与反贫困》	解　垩
6	《基于知识整合的企业双元性创新平衡机制与组织实现研究》	李俊华
7	《我国流域水资源治理协同绩效及实现机制研究》	陈新明
8	《现代中央银行视角下的货币政策规则：理论基础、国际经验与中国的政策方向》	苏乃芳
9	《警察行政执法中法律规范适用的制度逻辑》	刘冰捷
10	《军事物流网络级联失效及抗毁性研究》	曾　勇
11	《基于铸牢中华民族共同体意识的苗族经济史研究》	孙　咏

《中国社会科学博士后文库》
征稿通知

　　为繁荣发展我国哲学社会科学领域博士后事业，打造集中展示哲学社会科学领域博士后优秀研究成果的学术平台，全国博士后管理委员会和中国社会科学院共同设立了《中国社会科学博士后文库》（以下简称《文库》），计划每年在全国范围内择优出版博士后成果。凡入选成果，将由《文库》设立单位予以资助出版，入选者同时将获得全国博士后管理委员会（省部级）颁发的"优秀博士后学术成果"证书。

　　《文库》现面向全国哲学社会科学领域的博士后科研流动站、工作站及广大博士后，征集代表博士后人员最高学术研究水平的相关学术著作。征稿长期有效，随时投稿，每年集中评选。征稿范围及具体要求参见《文库》征稿函。

　　联系人：宋　娜
　　联系电话：13911627532
　　电子邮箱：epostdoctoral@126.com
　　通讯地址：北京市海淀区北蜂窝8号中雅大厦A座11层经济管理出版社《中国社会科学博士后文库》编辑部
　　邮编：100038

经济管理出版社